LE FRANCAIS VITE MAIS BIEN !

Marie-Laure Soullard-Pecqueur

Le Francais vite mais Bien !

Tome 3
Niveau B1, B2
Edition «étudiant»

Mise en page et illustrations :
Elise Gabassi

© 2014 Marie-Laure Soullard-Pecqueur
Edition : BoD - Books on Demand
12/14 rond-point des Champs Elysées
75008 Paris
Imprimé par BoD – Books on Demand, Norderstedt, Allemagne
ISBN : 9782322037414
Dépôt légal : août 2014

REMERCIEMENTS

A Kim Marsolek-Bonnet sans qui ce livre n'existerait pas.

A Christian pour ses conseils avertis.

Présentation

Bonjour à tous ! Je me présente, je suis Julie et j'ai 28 ans. Je vis à Bordeaux dans le Sud-Ouest de la France où je suis enseignante. Je sais que vous apprenez le français. Félicitations ! Suivez-moi, je vous emmène pour un grand voyage dans notre jolie langue.

N'oubliez pas vos bagages… **ce livre, un bon dictionnaire, un livre de conjugaison** et enfin un cahier et un crayon. Ah ! J'oubliais: un peu de patience aussi… Prêts ?

Comment utiliser ce manuel ?

Il est fondé sur une logique d'apprentissage. C'est la raison pour laquelle je vous conseille d'étudier les chapitres dans l'ordre prévu. Mais cela ne vous empêche pas, bien au contraire, de revenir en arrière pour réviser ou approfondir certains points. Des expressions toutes faites sont glissées au fil des pages. Afin de vous en faciliter la compréhension, je vous les présente dès le début de la méthode. Voici le plan de chaque chapitre :

1. Comprendre : la leçon
2. S'entraîner : les exercices d'application
3. Jouer : un exercice sous une forme plus ludique.
4. Enrichir son vocabulaire
5. Dialoguer : des suggestions pour l'expression orale
6. Réviser
7. Correction

Les tomes 1 et 2 vous apporteront les 21 chapitres qui complètent ce manuel.

Déroulé des chapitres

A. SOMMAIRE DES CHAPITRES

Tome 1

N°	Grammaire dans une démarche logique	Vocabulaire de la vie quotidienne en France
1	Les mots et la ponctuation	Approfondir une langue étrangère
2	Les groupes nominaux	La famille
3	Les déterminants	Le logement
4	Les adjectifs qualificatifs	La toilette
5	Le verbe et son infinitif	Comprendre les recettes de cuisine
6	Les pronoms personnels	Le corps et ses petits problèmes
7	Le mode indicatif	Les voyages
8	Le verbe et son sujet	Les tâches ménagères
9	Etre et avoir	Le service de table
10	Les pronoms démonstratifs	Le jeune enfant et la puériculture
11	Les négations	Le temps qui passe

Tome 2

N°	Grammaire	Vocabulaire
12	Particularités de certains verbes	La scolarité des 3-11 ans
13	Les pronoms possessifs	La situation dans l'espace
14	Les questions fermées	Le collège des 11-15 ans
15	Les questions ouvertes	Le jardinage
16	Le mode participe	La vue et la lumière
17	Les temps composés du mode indicatif	Le lycée et le baccalauréat
18	Règles d'accords des participes	Les loisirs
19	Les attributs	Les sentiments
20	Les comparaisons	Les institutions et les formalités admin.
21	Le présent et le subjonctif	Les courses d'hier et d'aujourd'hui

Tome 3

N°	Grammaire	Vocabulaire
22	Les superlatifs	Le mot « plus »
23	Les pronoms indéfinis	Les vêtements et la mode
24	Le mode impératif	Les fêtes au long de l'année
25	Les compléments circonstanciels	La météo
26	Les pronoms relatifs et leur emploi	Des meubles remplis d'objets
27	Les conjugaisons pronominales	L'hôpital
28	Les pronoms adverbiaux «En et y»	Les médias
28	Le mode conditionnel	La papeterie
30	La voix passive	L'homme et l'animal
31	La phrase complexe	Le bricolage
32	La concordance des temps	L'environnement

B. QUELQUES EXPRESSIONS IDIOMATIQUES RELEVÉES DANS CE MANUEL

Vous allez rencontrer dans ces trois tomes beaucoup de mots dont certains seront nouveaux pour vous mais aussi des expressions toutes faites que vous aurez plus de mal à trouver dans le dictionnaire; c'est pourquoi je vous les explique avant même de commencer l'étude des chapitres. Quand vous les rencontrerez, marquées par un * celles-ci seront donc mieux comprises.

expressions	chapitre	commentaires
Ça tombe très bien	28	L'occasion est bonne
Je n'en reviens pas	28	Je suis très étonné
Je m'en moque	1 & 28	Cela m'est égal
En détails	1	Plus complètement
Elle fait semblant	1	Elle fait la même chose que si elle…
Bonne chance !	1	Réussissez bien !
Etre à l'aise	1	Etre détendu car on sait faire les choses
Bien s'entendre	2	Sympathiser avec quelqu'un
Eclater de rire	2	Rire subitement très fort
A domicile (2 sens)	2	1. Chez soi, dans sa maison 2. Chez un client, un patient…
Chambres de bonnes	3	En haut des immeubles se trouvent des chambres seules, sans confort, qu'occupait le personnel de service.
Moyens financiers	3	La somme d'argent que les personnes possèdent
Faire la toilette	4	Se laver
Chauffage d'appoint	4	Petit radiateur que l'on ajoute lorsque le chauffage principal est insuffisant, par grand froid
Les petits diables	4	Les petits enfants pas toujours obéissants
Etre dans le brouillard	5	Ne pas bien comprendre, mélanger tout
Faire revenir (cuisine)	5	Faire cuire dans de la matière grasse (huile, beurre, margarine)
Faire les soldes	6	Aller dans les magasins en période de réductions
Bien se porter	6	Se sentir en bonne santé
Apprendre par coeur	7	Retenir tous les mots exacts sans se tromper
Se rendre	1	Aller
Indicateurs de temps	9	Mots qui précisent « quand » une action se passe
Se familiariser avec	10	Mieux connaître
Faire une ronde	12	Donner la main aux autres et ensemble, former un cercle
Gagner des lots à la kermesse	12	Gagner des très petits cadeaux (sauf exception) en participant à des jeux lors de la fête de l'école ou du village
L'emploi du temps	14	L'organisation des activités d'une journée ou d'une semaine
Chemin faisant	16	Petit à petit
Semaine chargée	17	Semaine comportant un emploi du temps très complet
Tomber d'accord	18 & 28	Penser la même chose, s'accorder
Dépité	18	Déçu
En ce qui concerne	18	Je veux parler de …
Remonter le moral	19	Aider à aller mieux dans la tête, à être plus gai

Suite expressions	chapitre	Suite commentaires
Perdre son sang-froid	19	Se laisser envahir par la panique et réagir de façon anormale
Sans-gêne	19	Qui ne fait pas attention aux autres, attitude égoïste
Pas plus tard qu'hier	20	C'est juste hier que …
Etre à la charge de quelqu'un	20	Ne pas avoir suffisamment d'argent pour vivre et être aidé financièrement
Etre en plein doute	21	Ne pas être sûr de quelque chose, hésiter
Faire les additions « de tête »	21	Les faire mentalement, sans crayon ni papier
Payer en trois fois sans frais	21	Donner trois chèques pour des dates séparées afin de mieux répartir la dépense et sans que cela ne coûte de supplément
Moyennant quelques euros	21	En échange de quelques euros
Je suis pour la transparence	23	Je souhaite que tout soit clairement montré
Pas grand chose	23	Peu de choses
De bouche à oreille	23	D'une personne à une autre, en parlant
Prêt-à-porter	23	Vêtements pas trop chers qui sont fabriqués en grand nombre
Exercer une haute fonction	23	Avoir un métier à responsabilité
Dans un coin de couloir	24	Quelque part dans un couloir, n'importe où
Peindre dans les tons clairs	24	Choisir de peindre avec des couleurs claires
Bat tous les records	24	Est le premier dans un certain domaine
Armistice	24	Signature de fin de conflit, de guerre
Associations caritatives	24	Groupes de bénévoles qui nourrissent, soignent et habillent les pauvres
A force de faire ça…	25	Je le fais tellement souvent (longtemps) que …
Paris ne sera pas épargnée par les nuages	25	Paris sera aussi sous les nuages
Tant bien que mal	27	A peu près
Quelques vagues explications	27	Des explications floues, peu précises
Le pronostic vital est engagé	27	L'état de santé est très inquiétant et pourrait conduire à la mort.
Au détriment de la confidentialité	28	Sans respecter le secret
Demeurer dans mon coeur	30	Aimer toujours
On ne peut que s'en féliciter	31	On est très satisfait, très content

Et aussi...

En dire long	Dire beaucoup de choses
Il s'agit de	Je parle de
Faire confiance	Croire que quelqu'un est capable de …
Ça reste à faire	Nous devons encore faire
Un point de vue	Une opinion
Etre à l'heure	Arriver à l'heure précise
Ce n'est pas grave	Ça n'a pas d'importance
Avoir bon goût	Bien choisir les choses
Avoir besoin de certaines choses	Ces choses sont nécessaires

22. Cas particuliers de comparatifs et les superlatifs.

Je considère que les comparaisons sont bien souvent à éviter. En comparant des personnes on peut facilement vexer les uns ou les autres. Quant aux superlatifs, mon amie Dorothée les emploie trop. Elle a toujours dégusté <u>le meilleur</u> dessert, lu le livre <u>le plus passionnant</u> ou vu <u>le pire</u> film de l'année !

I. COMPRENDRE

Un superlatif donne un effet d'importance à un adjectif. Il peut être utilisé seul ou suivi d'un complément. Les compléments commencent tous par :

    de   d'   de la   du   des   qui   que

1. <u>Superlatif de supériorité.</u>

    Structure : **LE (ou la ou les)**   +   **PLUS**   +   adjectif   +   complément éventuel

    Exemples d'utilisation : J'ai choisi les fleurs **les plus belles.**
                                      C'est la bague **la plus jolie.**
                                      J'interroge l'élève **le plus bavard** de la classe.
                                      Ce sont **les plus habiles** des pompiers.
                                      C'est **le plus grand** aéroport du monde.
                                      Pierre est l'enfant **le plus soigneux** que j'aie jamais vu.

2. <u>Superlatif d'infériorité.</u>

    Structure : **LE**   +   **MOINS**   +   adjectif   +   complément éventuel

    Exemples d'utilisation : Surtout achète **le moins cher** !
                                      Pour choisir **les moins piquants**, il faut ….
                                      Les hommes blonds sont **les moins nombreux** d'Europe.
                                      Ta femme est **la moins bavarde** qui soit.

Cas particuliers **pour des comparatifs et superlatifs** :

BON	meilleur	le meilleur
BIEN	mieux	le mieux
MAL	pire	le pire

2. S'ENTRAINER

Exercice 1.

Voici des superlatifs, ajoutez-leur des compléments choisis dans l'encadré.

> Des trois filles/ du marché/ des infirmières/de tous mes petits-enfants

Victor est le plus obéissant _____

Martine est la moins dévouée _____

Brigitte est la plus belle _____

Ces tomates sont les moins chères _____

Exercice 2.

Ajoutez le superlatif correspondant.

Jules est bon en maths mais ce n'est pas _____

Ce pantalon est plutôt bien mais ce n'est pas _____

Ce jeune s'exprime mal mais ce n'est pas _____

Exercice 3.

Fabriquez des phrases avec les mots imposés en utilisant des superlatifs.

(Joseph/famille/myope/+)

_____

(Italie/pays/Europe/allongé/+)

_____

(Xavier/classe/travailleur/-)

_____

3. JOUER

Deux hommes Monsieur Bâton et Monsieur Loquet se disputent la présidence d'une grande entreprise bordelaise. Les salariés ne sont pas d'accord. Donnez à chacun des superlatifs choisis dans la liste et finalement, pour qui voteriez-vous ?

Monsieur Bâton

Le moins habile

Le plus compétent

Le plus dévoué

Le plus généreux

Le moins attentif

Le plus travailleur

Le moins intelligent

Le plus riche

Monsieur Loquet

Notez les adjectifs que vous ne connaissiez pas et reportez-les dans le cahier de vocabulaire.
_____
_____
_____

4. ENRICHIR SON VOCABULAIRE

PLUS

Ce petit mot de quatre lettres a des emplois très différents. Il permet de faire des additions, des comparaisons, des négations …et entre dans de nombreuses expressions.

| Il est prononcé de trois façons différentes : « plu »   « pluss »   « pluz » |

Il sera ici souligné lorsque l'on devra entendre le « s » final (pluss)

1. Quand il signifie « + » ou « et »

   Deux **plus** quatre égalent six.
   Je mets en vente une table **plus** six chaises.
   Etre bilingue, c'est un **plus**. (= c'est mieux)
   _ Avec la pluie ma pelouse poussera **plus**.
   _ Oui, c'est sûr, elle va pousser **plus** vite !
   Je reviendrai **plus** tard.
   Si tu as encore faim, je te donne un morceau de pain en **plus**.
   Sylvie a trois ans de **plus** que son frère.

2. Pour les comparatifs et superlatifs.

   Philippe est plus dynamique que Bernard. (Comparatif)
   Entre les deux ouvrières, je garderai la plus adroite. (Superlatif)   Prononcer la liaison(z)
   Le plus drôle dans cette histoire, c'est que …. (Superlatif)
   Cette information est des plus étonnantes. (superlatif)   Liaison (z)

3. Dans une négation, plus est associé à « ne » ou « n' » ou « ni »

   Il n'en dira pas **plus**.
   Il n'est ni plus ni moins qu'un imbécile !

   Dans certains cas il exprime que quelque chose a cessé ou a disparu :
   Il ne pleut **plus.**

5. DIALOGUER

Vous allez utiliser les superlatifs en même temps que les pronoms démonstratifs en imitant le début du dialogue.

« A propos des livres , celui-ci est intéressant.
_ d'accord mais celui-là est le plus intéressant.
_A propos des poires, celle-ci est mûre
_ oui mais celle-là est la plus mûre de tout le panier !
A propos des…..
_ D'accord mais ….

REVISER

Conjuguez au présent du subjonctif :

venir	prendre	faire
Que je		

6. CORRECTION DU CHAPITRE

Exercice 1.

Beaucoup de réponses sont possibles. Par exemple …
De nos enfants/des infirmières/des actrices de ce film/de l'établissement/du marché

Exercice 2.

Le meilleur   /   le mieux   /   le pire

Exercice 3.

Joseph est le plus myope de sa famille.
L'Italie est le pays le plus allongé d'Europe.
Xavier est le moins travailleur de sa classe.

REVISER

venir	prendre	faire
Que je vienne Que tu viennes Qu'il vienne Que nous venions Que vous veniez Qu'ils viennent	Que je prenne Que tu prennes Qu'il prenne Que nous prenions Que vous preniez Qu'ils prennent	Que je fasse Que tu fasses Qu'il fasse Que nous fassions Que vous fassiez Qu'ils fassent

23. LES PRONOMS INDÉFINIS

Il m'arrive de donner des détails précis à mes élèves en citant des noms, des objets précis. Je suis pour la transparence* ! Mais parfois je ne connais pas ou je ne souhaite pas donner de façon précise des informations, je vais choisir d'en parler d'une manière plutôt vague. Je vais utiliser des expressions comme « on m'a dit » « plusieurs pensent que … » … Et me voilà en train de vous présenter des pronoms indéfinis. Ils sont nombreux.

I. COMPRENDRE

Revenez en arrière pour observer la liste des pronoms personnels, celle des pronoms démonstratifs, celle des pronoms possessifs. Voyez comme la liste ci-dessous propose des pronoms beaucoup plus variés.

Pronom indéfini	Emploi	Exemple
on	On ne sait pas qui il représente ; c'est un sujet masculin singulier	On est arrivé à midi
Chacun Chacune	Désigne une personne ou une chose toujours au singulier	Chacun apportera son pique-nique.
Aucun aucune	Accompagné de « ne » il a donc un sens négatif	J'ai adressé un courrier à trois personnes, aucune ne m'a répondu, pas un ne m'a répondu.
Nul nulle nuls nulles	Accompagné de « ne » il a un sens négatif	Nous étions effrayés ; nul ne bougea.
Plusieurs	Pour signifier qu'il y a un certain nombre de personnes ou de choses, toujours pluriel.	J'en ai appelé plusieurs.
(un)(une) autre	Pour marquer une différence	Je m'adresse à un élève, c'est un autre qui me répond.
Quelqu'un/ quelques-uns… Quelque chose Quelque part	Une personne/ des personnes / une chose/ un lieu indéterminés	J'ai rencontré quelqu'un. Il tenait quelque chose dans ses mains et partait quelque part !
L'un… l'autre	Pour deux personnes ou deux objets comparés	L'un est grand, l'autre petit.
Tout, toutes, tous	Pour dire « au complet, en entier… »	Tout est calme le soir. Tous sont revenus à l'heure.
N'importe qui N'importe quoi N'importe où	Pour signifier que cela n'a pas d'importance	N'importe qui peut me conduire, ça m'est égal. Donnez n'importe quoi mais donnez !

Pronom indéfini	Emploi	Exemple
Personne	Accompagné de « ne » il a donc un sens négatif (pas une personne)	Il vit seul et ne voit personne.
Rien	Accompagné de « ne » signifie « pas une seule chose »	Je n'ai rien vu dans ce brouillard épais.
Grand-chose* Autre chose	Grand-chose est toujours accompagné de ne…pas	Il est paresseux, ne fait pas grand-chose. Il pense à autre chose au lieu de travailler.
Je ne sais qui Je ne sais quoi	Ici on précise que l'on ne sait pas	Il a rencontré je ne sais qui et a appris que … J'ai trouvé je ne sais quoi de bizarre dans ma soupe.
Certains, certaines	Seulement quelques-uns parmi une liste, un groupe, toujours pluriel	Tous ont pris le départ, certains seulement sont arrivés au bout de la course.

2. S'ENTRAINER

Exercice 1.

Encadrez les pronoms indéfinis du texte suivant lorsqu'ils sont affirmatifs et soulignez-les lorsqu'ils sont négatifs.

Pascaline est en classe terminale. Ses professeurs sont plutôt jeunes. Certains sortent juste de la faculté et plusieurs d'entre eux viennent de je ne sais où, très loin et ont des difficultés pour être à l'heure. Personne en fait n'habite Bordeaux. On ne trouve rien à louer à un prix raisonnable. Le professeur de français vient de la banlieue. Il loge chez quelqu'un qui travaille dans le même établissement et enseigne autre chose, je ne sais pas quoi. Aura-t-elle son bac à la fin de l'année ? Nul ne le sait mais nous l'espérons tous

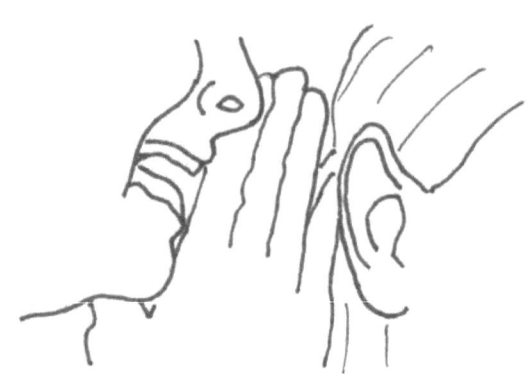

Exercice 2.

Cherchez dans le tableau le pronom indéfini qui permet de parler de ...

- Une information qui se répand de bouche à oreille* : _____ dit que...
- Peu importe l'endroit : _____
- Une personne que l'on a rencontrée _____
- La totalité des personnes _____ (2 possibilités)
- Une partie d'un groupe _____ _____ (2 possibilités)
- Peu importe qui _____
- Absolument aucune chose _____
- Chaque personne _____
- Une chose différente _____
- Parler d'une femme et ensuite d'une femme différente : _____

3. JOUER

Replacez dans le tableau les mots de l'exercice 2. Certains comportent des apostrophes, d'autres sont en plusieurs parties.

11 lettres ' 3 mots	N'importe qui
9 lettres	
4 lettres	
2 lettres	
6 lettres	
10 lettres ' 3 mots	
6 lettres	
10 lettres ' ' 4 mots	
8 lettres ' 2 mots	
4 lettres	
8 lettres	
8 lettres 2 mots	

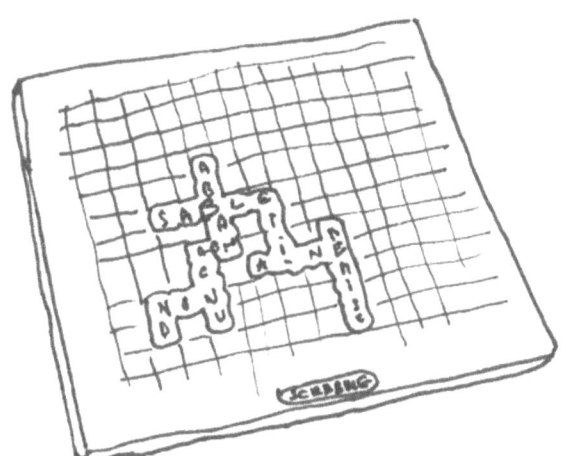

4. ENRICHIR SON VOCABULAIRE

Les vêtements et la mode

Lorsque je **circule** dans le tramway, je trouve toujours très amusant d'observer la façon dont les autres personnes s'habillent. Dans une grande ville comme la mienne, il y a de la variété, des **classiques** aux plus **excentriques**…la majorité étant achetée dans les boutiques de **prêt-à porter.***

Les hommes portent des **chemises à manches** longues en hiver et courtes en été ou un T-shirt et un pantalon ou un **jean** maintenu par une **ceinture** Pour avoir chaud, un **pull** ou une **veste** . Les personnes exerçant une haute fonction* doivent porter un **costume** et une **cravate**. Les musiciens, en concert, remplacent la cravate par un **nœud papillon**. Les ouvriers et les paysans sont en **salopette** sur une chemise à carreaux avec éventuellement un pull « camionneur » dont le col est fermé par une **fermeture à glissière**. Pour leurs sous-vêtements, ce sont les slips, caleçons, boxers et T-shirts de corps sans oublier les chaussettes.

Les femmes portent une grande variété de vêtements. Elles aiment changer ! Le pantalon, le **caleçon** plus moulant, le **bermuda, la jupe**, en été, le short pour le sport. En haut elles portent un chemisier, un T-shirt ou un **bustier** et pour avoir chaud un pull ou un **gilet** boutonné. Pour être plus **strictes**, le tailleur ou le tailleur pantalon leur convient bien et pour sortir une petite **robe** les rend tout de suite **élégantes**. Pour leurs sous-vêtements, ce sont les **culottes**, le **soutien-gorge**, les **collants** ou les **mi-bas**.

Hommes et femmes portent pour l'extérieur le **manteau**, le **blouson** , la parka, l'**imperméable**. Au bord de la mer, c'est plutôt le ciré jaune et le **maillot de bain**, selon le temps ! Sur la tête, des c**hapeaux, bonnets** ou **casquettes** pour les messieurs, des chapeaux, bonnets ou **foulards** pour les dames. Aux pieds, les chaussures (**mocassins**, talons aiguilles ou compensés) sont en cuir ou en toile avec des **lacets** ou non, des **baskets**, des **sandales**, des **espadrilles** à semelle de corde, sans oublier les **mules** ou les **charentaises** pour la maison en hiver.

5. DIALOGUER

C'est une mère et sa fille adolescente qui dialoguent. La mère voudrait tout savoir, la fille se moque pas mal des précisions qu'on lui demande…et utilise beaucoup de pronoms indéfinis.

« Tu peux me dire qui tu vas rencontrer chez Kévin ?
_ Quelqu'un…je ne sais qui…..et on ira se balader !
_ Ah oui ! où ?
_ N'importe où sans doute près de la plage…!
_ Tu me caches quelque chose ?
_ …
_ Je connais les autres copains ?
_ ……..

REVISER

Complétez le tableau ci-dessous en faisant particulièrement attention aux exceptions.

Adjectif	Comparatif de supériorité	Superlatif
Grand	Plus grand	Le plus grand
Bon		
Intelligent		
Mauvais		
Gourmand		
Lointain		
Bien		

6. CORRECTION DU CHAPITRE

Exercice 1.

Pascaline est en classe terminale. Ses professeurs sont plutôt jeunes. **Certains** sortent juste de la faculté et **plusieurs** d'entre eux viennent de <u>je ne sais où</u>, très loin et ont des difficultés pour être à l'heure. **Personne** en fait n'habite Bordeaux. On <u>ne</u> trouve <u>rien</u> à louer à un prix raisonnable. Le professeur de français vient de la banlieue. Il loge chez **quelqu'un** qui travaille dans le même établissement et enseigne **autre chose**, <u>je ne sais pas quoi.</u> Aura-t-elle son bac à la fin de l'année ? <u>**Nul ne**</u> le sait mais nous l'espérons **tous** !

Exercice 2.

On / n'importe où / quelqu'un / tous ou toutes / certains ou plusieurs / n'importe qui /rien /chacun ou chacune / une autre / l'un l'autre.

JOUER

Dans l'ordre du tableau nous avons :

N'importe qui / plusieurs / tous (ou …) / on / toutes / n'importe où / chacun / l'une l'autre / quelqu'un / rien (ou …) /certains / une autre.

REVISER

Adjectif	Comparatif de supériorité	Superlatif
Grand	*Plus grand*	*Le plus grand*
Bon	Meilleur	Le meilleur
Intelligent	Plus intelligent	Le plus intelligent
Mauvais	Pire	Le pire
Gourmand	Plus gourmand	Le plus gourmand
Lointain	Plus lointain	Le plus lointain
Bien	Mieux	Le mieux

24. LE MODE IMPÉRATIF

Comme je suis professeur dans un collège de Bordeaux, j'apprécie le contact avec mes élèves. On peut avoir parfois des discussions intéressantes à la fin d'un cours ou dans un coin de couloir. Mais je reconnais aussi que pendant les cours je donne beaucoup de conseils, des ordres aussi ou des interdictions.

1. COMPRENDRE

Pour cela je pourrais utiliser le subjonctif …il faut que vous fassiez…il ne faut pas que vous trichiez…mais à la fin cela deviendrait un peu fatigant pour eux comme pour moi !

J'utilise donc très souvent l'impératif présent, qui se conjugue, oui, mais pas comme les autres : seulement à la deuxième personne du singulier et à la première et deuxième du pluriel. Quelle chance, vous en aurez moins à retenir !

Exemples :

Travailler	Finir	Sortir
Travaille	Finis	Sors
Travaillons	Finissons	Sortons
Travaillez	Finissez	Sortez

Vous y êtes habitués maintenant, je vous conseille vivement d'ouvrir votre livre de conjugaison et de repérer tous les impératifs présents. En voici quelques-uns :

Etre	sois	soyons	soyez
Avoir	aie	ayons	ayez
Déjeuner	déjeune	déjeunons	déjeunez
Savoir	sache	sachons	sachez
Mettre	mets	mettons	mettez

Les emplois

- **Pour donner un ordre :**
  Va chez ta sœur, emporte-lui ce livre !
  Rentrons à la maison !
  Passez par ici s'il vous plaît !
- **Pour donner un conseil affirmatif :**
  Préparez-vous dans le calme ! Soyons attentifs ! Peins plutôt dans ces tons-là* !
- **Pour donner un conseil négatif** (Remarquez la place des adverbes de négation.) :
  N'oubliez pas vos clés !
  Ne perdons pas de temps !
- **Pour formuler une interdiction :**
  Ne touche pas à ça !   Ne vous penchez pas à la fenêtre !   Ne trichez pas !

2. S'ENTRAINER

Exercice 1.

Plein de bons conseils…
Mettre à l'impératif le verbe entre parenthèses dans les phrases suivantes :

(dormir : 1° personne du pluriel) _____ 7 heures par nuit au minimum.
(ranger : 2° du pluriel) _____ vos étagères !
(suivre : 1° personne du pluriel) _____ ce chemin !
(sauter : 2° personne du pluriel) _____ une ligne sur les cahiers !
(lire : 1° personne du singulier) _____ à haute voix !
(écouter ; négatif : 1° personne du pluriel) _____ ces bêtises !
(croire ; négatif : 2° personne du pluriel) _____ à tout ça !

Exercice 2.

Vous êtes moniteur de colonie de vacances, vous souhaitez que soient prises tout de suite les bonnes habitudes et vous annoncez dès le premier jour des consignes strictes pour le dortoir (la chambre à plusieurs lits).
Des ordres ou des interdictions sont déjà proposées. Changez la phrase pour utiliser un impératif.

Exemple :

Il faut que vous vous taisiez après 22h30.
Taisez-vous après 22h30.

- Il faut que vous rangiez vos vêtements dans vos placards.
  _____

- Il ne faut pas que vous laissiez traîner vos chaussettes par terre.
  _____

- Il faut que nous partions en promenade dans une heure.
  _____

- Il ne faut pas que tu aies peur dans le noir.
  _____

3. JOUER

Voici un plan de ville, vous indiquerez comment vous rendre du point A au point B en rédigeant les conseils à la deuxième personne du singulier. Pour vous aider, vous pouvez puiser dans la liste des verbes ci-dessous :

Suivre monter descendre longer tourner se trouver passer devant continuer traverser ....

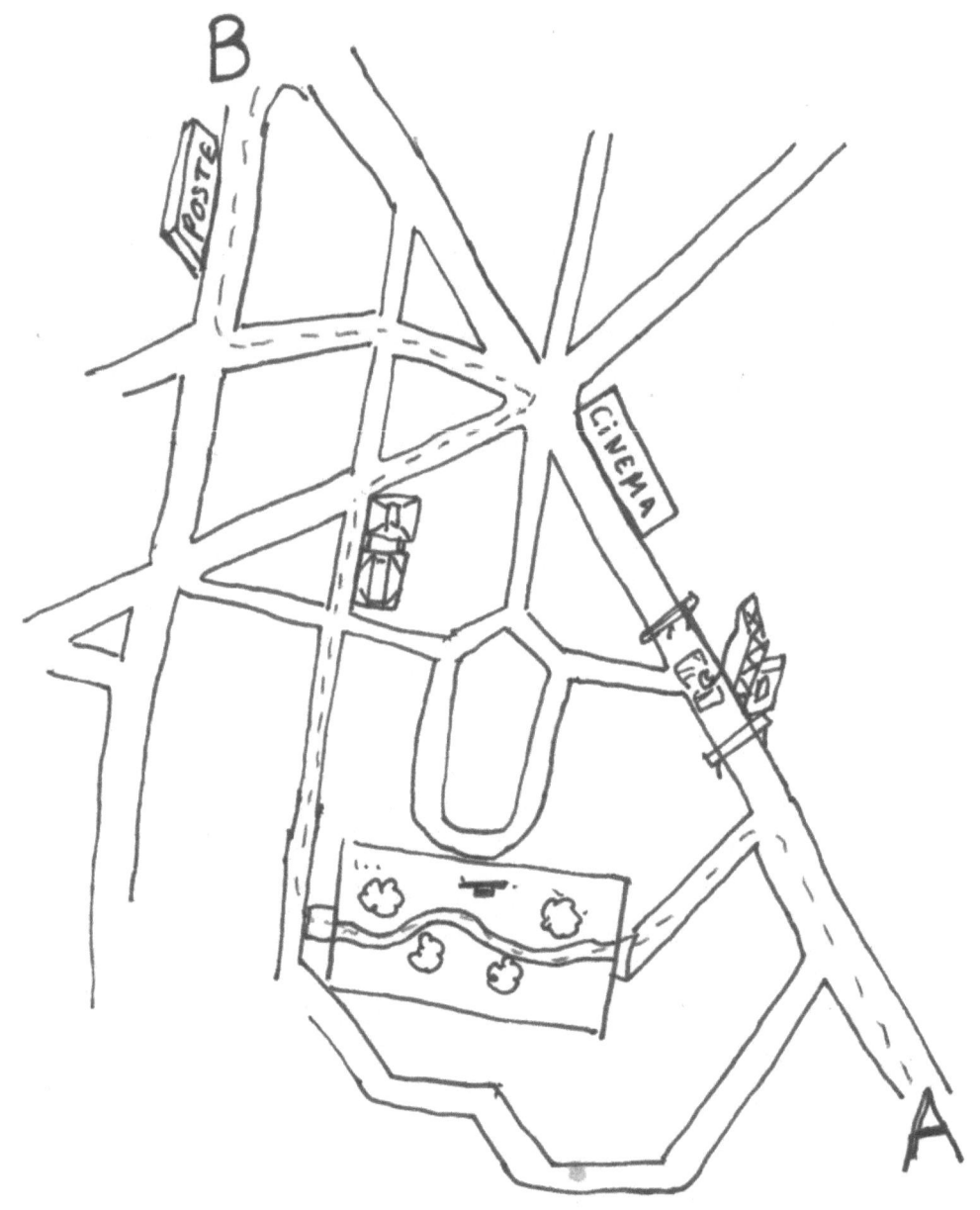

4. ENRICHIR SON VOCABULAIRE

Les fêtes.

Le **calendrier** qui **défile** chaque année indique plusieurs fêtes pour le plus grand bonheur des travailleurs !

En janvier, une journée seulement le 1° appelé **« jour de l'an »** pour bien commencer l'année. C'est l'occasion de souhaiter une bonne année à tous les proches. Le 6 janvier est une fête religieuse non fériée mais qui donne l'occasion de partager une galette fourrée aux amandes. Celui qui y trouve une fève est le roi ! Il doit choisir sa reine.

En février, la saint Valentin (le 14) voit les restaurants se remplir d'amoureux et les fleuristes se dépêcher de livrer les bouquets de roses. Durant les vacances scolaires, les familles qui le peuvent vont aux sports d'hiver pratiquer le ski alpin, le ski de fond, les raquettes ou la luge.

Mars est plutôt calme si **Pâques,** la plus grande fête chrétienne, arrive en avril. En effet le lendemain de Pâques est aussi un **jour férié**.

Le mois de mai **bat tous les records*** avec le 1er pour la fête du travail…le 8 pour **l'armistice*** de la seconde guerre mondiale…le **jeudi de l'Ascension** 40 jours après Pâques et 10 jours plus tard, la Pentecôte (dont le lendemain est très souvent chômé). Un dicton conseille : « En mai, fais ce qu'il te plaît ! »

En juin peu de choses mais à la fin du mois les emplois du temps sont très chargés en raison des divers examens, spectacles, concerts et galas qui se font pendant les week-ends.

La fête nationale avec le **défilé militaire** du 14 juillet, ses bals populaires et ses **feux d'artifices** marque pour beaucoup le départ en vacances.

Mi-août c'est la fête de **l'Assomption de la Vierge Marie** le 15 qui est également férié.

On ne trouve pas de jours fériés en septembre ni en octobre. Chacun fait sa **rentrée** et se remet au travail…La fête d'Halloween (31 octobre) n'est pas aussi populaire en France qu'aux Etats-Unis.

Mais novembre commence par le jour de la **Toussaint** suivi du jour des **défunts** (des morts). Le second n'est pas férié, c'est pourquoi les français ont pris l'habitude d'aller le 1° novembre **fleurir les tombes** de leurs proches. Le 11 c'est l'armistice de la première guerre mondiale (1914-1918).

Arrive enfin le mois de décembre tant attendu par les enfants pour **Noël** le 25 et la **saint Sylvestre** le 31. La première est religieuse, la seconde ne l'est pas. Dès le début du mois les villes sont décorées. Ces dates, seulement séparées d'une semaine, **constituent** deux occasions de se retrouver en famille ou entre amis bien au chaud dans les maisons décorées autour d'un **réveillon** et du **traditionnel sapin** de Noël au pied duquel on a déposé des cadeaux. Les rues, les vitrines, sont décorées de guirlandes le plus souvent lumineuses et on voit partout dans les villes des marchés de Noël pour acheter des cadeaux, des décorations, des biscuits ou boire du vin chaud. Heureusement les **associations caritatives***, les mairies organisent aussi une petite fête pour les **isolés**.

5. DIALOGUER

Les transmissions.
Votre père vous donne des ordres ou des interdictions à transmettre à votre petit frère. L'un fera le père :

« Demande lui de ……(verbe à l'infinitif) Ex : chercher le pain
               ou « de ne pas …(verbe à l'infinitif) Ex : ne pas taper
L'autre fera le grand frère ; « Va chercher le pain ! » « Ne tape pas du pied ! »

_ Demande-lui de mettre le couvert.
_ Mets le couvert s'il te plaît !
_ Dis lui de ….
_ ……..

REVISER

Fabriquez des comparatifs ou des superlatifs avec des pronoms indéfinis sur le modèle suivant :

On trouve de bons gâteaux mais certains sont plus beaux que d'autres !
On a vu des sapins de Noël. Plusieurs étaient vraiment trop chers, c'étaient les plus grands !

Voir   trouver   rencontrer   acheter   choisir   offrir
Des professeurs   des fruits   des cadeaux   des amis   des livres des films
Tous   certains   plusieurs   d'autres   on   chacun   les uns, les autres
Mûrs   connus   gros   sympathiques ….

_____
_____
_____
_____
_____
_____
_____
_____

6. CORRECTION DU CHAPITRE

Exercice 1.

Dormons / rangez / suivons / sautez / lis / n'écoutons pas / ne croyez pas

Exercice 2.

Rangez vos vêtements dans vos placards. / Ne laissez pas traîner vos chaussettes par terre / Partons en promenade dans une heure / N'aie pas peur dans le noir !

JOUER

Pars de A. Emprunte la rue tout droit et prends la deuxième à gauche. Ne passe pas devant le cinéma en raison des travaux. traverse le parc en suivant son petit sentier. A la sortie, tourne à droite. Prends la deuxième rue sur la droite puis fais un tournant en épingle à cheveux sur la gauche. Finalement, prends la deuxième à droite, passe devant la poste et tu arrives en B.

REVISER

Par exemple …

Chacun offre des cadeaux, les uns plus gros que les autres.
J'ai rencontré des professeurs ; certains étaient plus sympathiques que d'autres.
Tu trouveras des fruits. Tous sont plus mûrs qu'au supermarché.
J'ai acheté des films ; plusieurs sont parmi les plus connus.
…

25. LES COMPLÉMENTS CIRCONSTANCIELS

Vous savez tous que je suis <u>de Bordeaux</u> ; cette ville est située <u>en région Aquitaine</u>, <u>au sud-ouest</u> de la France. <u>A 9 heures</u>, je serai <u>avec mes élèves pour leur apprendre le français</u> et <u>les aider à réussir dans la vie</u> !

I. COMPRENDRE

Les compléments circonstanciels apportent une foule d'informations sur le lieu, le moment, le moyen, la cause, le but etc… Ils sont donc très variés et le plus souvent si on les supprime, la phrase garde un sens.

Ex : Je garde ma petite nièce <u>jusqu'à demain.</u>

Qui sont-ils ?

- des groupes nominaux : sous la table
- des adverbes : lentement
- des pronoms : en, y
- des gérondifs : en courant
- des morceaux entiers de phrase : pour qu'il me réponde , parce qu'elle est stupide
- des verbes à l'infinitif : avant de conduire

Beaucoup sont introduits par des prépositions (<u>avec</u> moi) ou des conjonctions de subordination (<u>quand</u> il pleut). Mais pas tous (demain).

En voici un bon nombre dans le tableau suivant qui vous aideront à fabriquer vos propres phrases..

Pour indiquer	exemples
Le lieu	Dans le sac/ jusqu'à la mer / là-bas / ici /dessus/ sous le poirier / entre les arbres / derrière la maison / devant moi / y / en /le long de / à droite / depuis la porte/ chez…
Le moment, la durée	En / quand / lorsque / hier / la semaine prochaine / par moments / en mangeant / dans une heure / le mois dernier / aujourd'hui / tandis que ../ cette année /vers 8 h / le mercredi….
La manière	A pied/ à la course/intelligemment/ bien / mal / peu / beaucoup / n'importe comment / prudemment …
La cause	A cause de / en raison du / parce que / en (buvant trop vite) à force de faire / car / faute d'avoir …
La conséquence	Donc /si bien que / si (adjectif) que / au point de …/à ne pas faire / à se rendre (malade) …
Le moyen	En voiture / en moto / grâce à / à l'aide de … / par / avec / en utilisant / à force de …
La fréquence	Jamais / parfois/ de temps en temps / souvent / toujours / tous les samedis /

2. S'ENTRAINER

Exercice 1.

Voici des phrases, indiquez quelle sorte de complément circonstanciel est souligné.

Elle réagit **violemment.** (manière)
Victor se trompe **souvent** dans ses calculs. (_____)
Mon pied droit ne peut pas entrer **dans cette chaussure étroite**. (_____)
Hier nous étions mardi. (_____)
C'est **pour cela** que je t'appelle. (_____)
Je mets un pull **parce que j'ai froid**. (_____)
Il joue aux jeux vidéo **à s'en rendre fou** ! (_____)

Exercice 2.

Soulignez les compléments circonstanciels de lieu, encadrez les compléments circonstanciels de temps.

Depuis cinq ans déjà, je passe mes semaines à l'usine. Le matin j'y vais très tôt, vers 5 h, et je rentre à la maison à 14h. Mais dans notre chambre il fait très chaud, je ne peux pas dormir. Puis je bricole au garage. Pendant ce temps, ma femme est au bureau et revient vers 18h. Elle va chercher la petite à l'école. En effet, elle reste à la garderie et fait ses devoirs. Heureusement le dimanche, notre vie est plus calme !

Exercice 3.

Complétez les phrases suivantes avec des compléments circonstanciels. Pensez à utiliser les suggestions du tableau de la leçon.

Tu partiras _____ .

Je sens des picotements _____ .

Grâce à _____ j'ai réussi mon examen.

_____ on peut admirer de très vieux arbres.

Pour aller de _____ à _____ , il faut prendre le métro.

En _____ , on aperçoit bien les traces de pinceau.

Je déjeune _____ avec _____ .

Avant de _____ , je dois me rendre _____ .

Marcher, c'est bon _____ .

3. JOUER

Ecrivez dans les cases tous les compléments circonstanciels de cette longue phrase et indiquez de quelle sorte de complément il s'agit. Pour vous aider, je vous dirai qu'il y en a six dont un très long.

Chaque matin, au lever du soleil, le coq de M. Pierrot commence à chanter bruyamment et on peut l'entendre très fort dans tout le village parce que le poulailler est en haut de la colline.

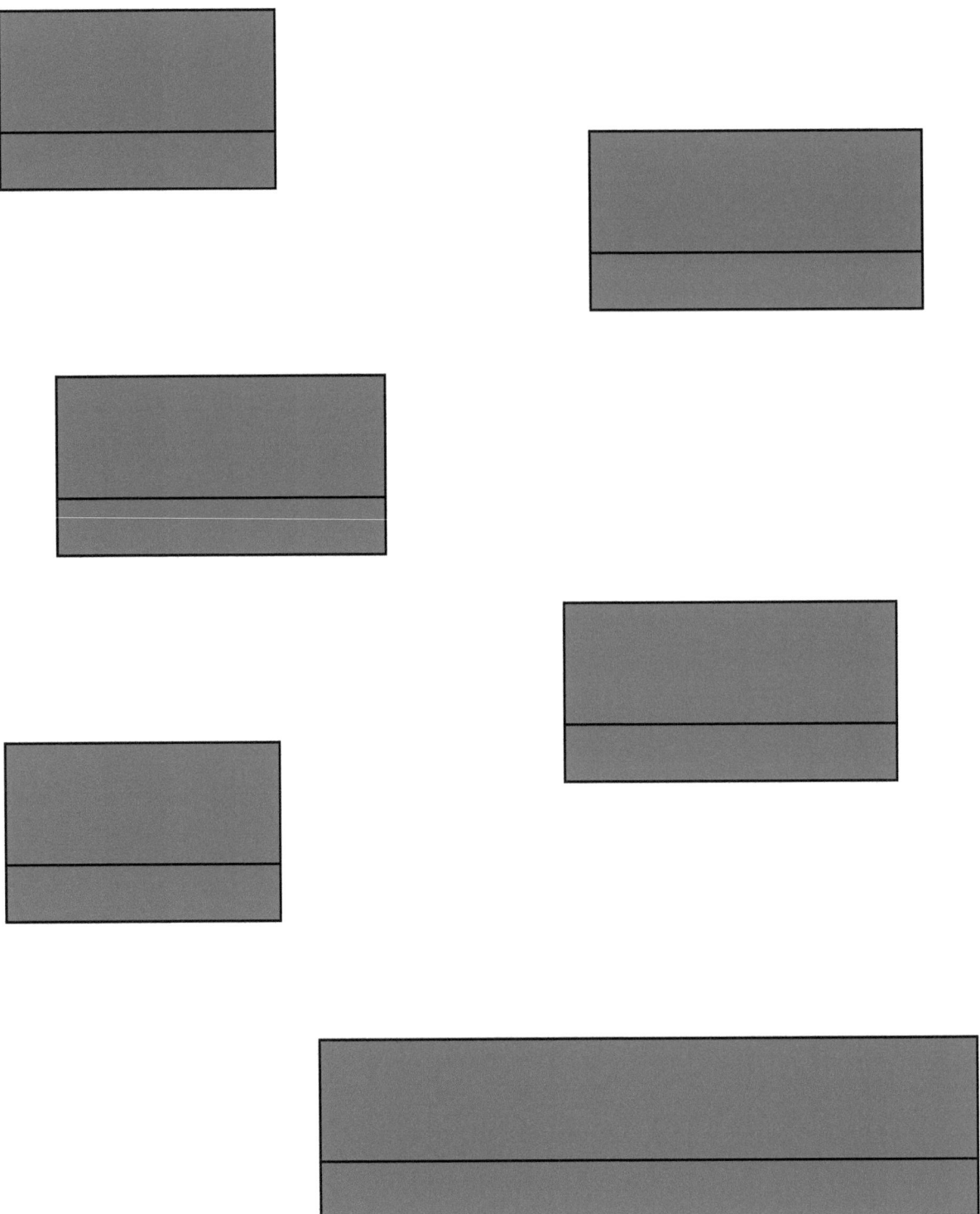

4. ENRICHIR SON VOCABULAIRE

La météo

Ce mot employé par tout le monde est l'abrégé de météorologie. Elle concerne tous les phénomènes climatiques. Chaque soir, beaucoup de français consultent la météo du lendemain. Ainsi on peut savoir s'il pleuvra ou non, s'il y aura du soleil ou non…

Voici les principales situations météo en France :

Beau temps	Le ciel est bleu, **ensoleillé**, il fait plutôt chaud, parfois très chaud en été mais c'est vrai aussi, très froid en hiver !
Temps variable	Des nuages passent, le ciel **s'assombrit** avec parfois des **averses** passagères entre deux rayons d'un soleil timide. Dans l'ouest de la France c'est parfois le **crachin**, une petite pluie très fine. Un peu de vent chasse les nuages jusqu'à ce que d'autres arrivent. On appelle cela un **ciel de traîne**. La température est un peu fraîche par manque d'ensoleillement.
Mauvais temps	Le soleil ne brille plus du tout ; il pleut presque toute la journée, parfois avec des **pluies orageuses** très violentes et des **rafales** de vent. On parle même de **tempêtes**. En hiver la température descend en dessous de 0° avec des risques de **pluies verglaçantes** (glissantes) du **brouillard givrant**, des averses de neige, de **grêle** sur les reliefs (montagnes) et des plaques de verglas bien dangereuses pour les automobilistes.

Pour une fois, vous allez pouvoir jouer un peu. Voici une carte de France. Lisez bien le bulletin météo qui suit et dessinez soleil, pluie, neige, nuages…sur la carte après avoir repéré les principales villes sur un dictionnaire.

Demain 14 octobre la France sera coupée en deux avec au nord un passage nuageux sauf du côté de Strasbourg où le soleil se maintiendra. Paris et sa région pourront même avoir une ou deux averses locales. Au sud d'une ligne Bordeaux-Lyon une nette amélioration se fera sentir avec une journée agréable et ensoleillée. C'est à Nice que le climat sera le plus agréable. La température ne dépassera pas cependant les 15° à Toulouse. Attention, les reliefs pyrénéens victimes de la dépression actuellement sur l'Espagne pourraient même voir arriver les première neiges à une altitude de 1800m. La Corse ne sera pas épargnée *par des passages nuageux.

5. DIALOGUER

Vous allez présenter à deux un bulletin météo, l'un peut parler d'aujourd'hui, l'autre de demain, l'un peut parler du nord de la France et l'autre du sud.

« Aujourd'hui le temps est … dans le nord avec …sur les côtes.
_Demain dans le sud, il fera ……. En particulier à ……. Mais ……arriveront sur ……..
_ ….
_ ….

REVISER

Conjuguer à l'impératif les verbes suivants. N'hésitez pas à consulter votre livre de conjugaison.

personne	envoyer	rétrécir	aller
1° singulier			
1° pluriel			
2° pluriel			

6. CORRECTION DU CHAPITRE

Exercice 1.

Fréquence / lieu / temps / but / cause / conséquence

Exercice 2.

Depuis cinq ans déjà, je passe mes semaines **à l'usine**. **Le matin** j'**y** vais très tôt, **vers 5 h**, et je rentre **à la maison** **à 14h**. Mais **dans notre chambre** il fait très chaud, je ne peux pas dormir. Puis je bricole **au garage**. **Pendant ce temps**, ma femme est **au bureau** et revient **vers 18h**. Elle va chercher la petite **à l'école**. En effet, elle reste **à la garderie** et fait ses devoirs. Heureusement **le dimanche**, notre vie est plus calme !

Exercice 3.

On peut suggérer les expressions suivantes par exemple.
Demain matin / au bout des doigts / Nathalie et ses bons conseils / Dans ce square / de Gare du nord à gare Montparnasse / observant attentivement / aujourd'hui avec mon patron / rentrer, je dois me rendre à la banque / pour la santé.

JOUER

Chaque matin : temps
au lever du soleil : temps
bruyamment : manière
très fort : manière
dans tout le village : lieu
parce que le poulailler est en haut de la colline : lieu

REVISER

personne	envoyer	rétrécir	aller
1° singulier	envoie	rétrécis	va
1° pluriel	envoyons	rétrécissons	allons
2° pluriel	envoyez	rétrécissez	allez

26. LES PRONOMS RELATIFS ET LEUR EMPLOI

Mon père qui était très grand…ma mère dont je vous ai parlé…le chat de ma voisine que je nourris au mois de juillet…l'enfant auquel je m'adresse…l'adresse à laquelle j'habite …voilà quelques-uns des pronoms relatifs. Laissez-moi vous les présenter.

I. COMPRENDRE

Tous ces pronoms remplacent un nom un groupe nominal ou un pronom et sont suivis d'un groupe verbal (verbe ou sujet et verbe). Sauf exception, la phrase contient donc au minimum deux verbes conjugués. Leurs fonctions sont : sujet ; COD (complément d'objet direct) ; COI (complément d'objet indirect) ; complément circonstanciel.

> Ex : Le fromage [qui se trouve] dans le frigo est rond.
> Le gardien [auquel j'ai confié ma valise] porte une casquette.

On appelle proposition relative la portion de phrase encadrée. La première complète le nom « fromage » pour donner une précision. De même, la seconde complète le nom « gardien ».

Voici donc la liste de ces pronoms relatifs. Les cinq premiers sont invariables mais , comme vous pourrez le voir, pas les trois derniers. Ils varient en genre et en nombre.

pronoms	exemples
Qui	Le cheval (qui galope) saute très bien. La personne (à qui je m'adresse) est d'origine étrangère.
Que *	Le livre que tu lis est épais. Ces fleurs que nous cueillons sont pour offrir.
Quoi	Voici ce en quoi je crois
Dont mis pour « de qui » ou « de quoi »	Le journal dont je te parle présente plusieurs défauts. (je te parle de quoi ? _ du journal La maison dont la porte est fracturée est en vente. (la porte de quoi ?)
Où mis pour dans lequel, dans laquelle…	La ville où habite mon père n'est pas bien loin. Le sentier où tu as laissé ta voiture n'est plus bien loin.
Lequel / laquelle / lesquels / lesquelles	J'ai croisé en chemin deux femmes, lesquelles m'ont dit que …
Auquel / à laquelle/ auxquels /auxquelles	L'entreprise à laquelle je m'adresse est très sérieuse. Les arbres auxquels je pense sont très vieux.
Duquel / de laquelle / desquels / desquelles	La statue au pied de laquelle nous sommes photographiés représente Apollon.

• Attention : « que » n'est pas toujours un pronom relatif ; ce peut être une conjonction de subordination , un pronom interrogatif ou exclamatif.

2. S'ENTRAINER

Exercice 1.

Encadrez les pronoms relatifs et reculez un peu pour soulignez le mot qu'ils complètent.

La <u>chanson</u> |que| tu apprends est vraiment très difficile. Je cherche un endroit où je pourrai planter ma tente. La sœur de Véronique à qui j'ai écrit a déménagé. Les musiciens auxquels nous allons nous adresser sont extraordinaires. Antoine achète des appartements qu'il revend ensuite. Le bonnet dont tu as couvert ton bébé a été tricoté par ma voisine. La phrase à laquelle je pense est bien compliquée !

Exercice 2.

La table est recouverte d'une nappe. Je pose mes lunettes dessus.
La table sur laquelle je pose mes lunettes est recouverte d'une nappe.

Le stylo n'écrit plus. Ce stylo est bleu.
Le stylo qui est bleu n'écrit plus.

A vous de faire la même chose !

J'aperçois un homme. Il est grand. (que)
L'homme _____ .

Je te parle d'un livre. Ce livre est intéressant. (dont)
Le livre _____ .

Je m'adresse à un employé. Il me renseigne correctement. (auquel)
L'employé _____ .

Je passe mes vacances dans un village. Ce village n'a que 350 habitants. (où)
Le village _____ .

3. JOUER

Reliez par des traits les morceaux de phrases pour que tout aille bien ensemble.

Stéphanie et Lucas	qui m'a donné	hier.
Je refais l'exercice	pour laquelle tu t'es donnée beaucoup de peine	est parti à la poubelle.
Maeva est la fille	qui sont jumeaux	est fragile .
Le couvercle du mixeur	dans laquelle j'ai bu	mais moi je ne l'aime pas du tout.
La salade composée	que j'ai cassé	était délicieuse.
Tu préfères le chocolat	dont j'ignore le nom	font des farces en permanence.
La tasse	qui contient des noisettes	le plus de soucis.
Ces messieurs	que je n'ai pas compris	sont anglais.

4. ENRICHIR SON VOCABULAIRE

Des meubles emplis d'objets.

Nous avons tellement d'activités variées que nous possédons beaucoup d'objets différents. Imaginez de déménager, et vous allez certainement vous en rendre compte !

- Dans le séjour, le **meuble living** contient par exemple la vaisselle, les bouteilles d'apéritifs, quelques livres ou DVD si l'on ne possède pas de **bibliothèque**, éventuellement des boîtes de jeux de société.

- Devant le canapé, sur un **tapis**, une **table basse** permet de poser un verre ou le journal de télé.

- Une **cheminée à foyer fermé** dégage une bonne chaleur conservée grâce aux fenêtres double-vitrage et aux épais rideaux.

- Dans un coin, le bureau avec les **dossiers**, le **courrier**, des stylos, l'ordinateur et son imprimante.

- Au plafond, un **lustre** avec ses **ampoules économisantes** ou maintenant des LED (diodes élécto luminescentes); près de la table le **lampadaire** qui peut se déplacer près des **fauteuils**.

- En traversant le hall d'entrée, on remarque une **penderie** pour accrocher les manteaux et ranger les sacs et les chaussures. Le **parapluie** est dans un coin de porte.

- Dans la chambre, au dessus du lit, quelques **placards** permettent de ranger les draps et serviettes. Dans la vieille **armoire** en bois verni, sont rangés les vêtements. Une petite table et une chaise, un **coffre** et une **table de nuit** sont installés près du radiateur. Une **commode** à deux tiroirs protège les sous-vêtements.

- Il reste la cuisine avec la **plaque de cuisson** et le four, le réfrigérateur (dit « frigo »), le micro-ondes, l'évier et son **robinet**, les plans de travail, le lave-vaisselle et le lave-linge. Quelques **torchons** sont pendus à la porte et un **dérouleur** de papier aluminium est disposé au-dessus de la **cafetière**.

5. DIALOGUER

Le jeu du perroquet. Vous dialoguez avec un autre étudiant. Vous commencez une phrase contenant un pronom relatif. Il enchaîne avec une autre phrase contenant le même pronom.

« La phrase à laquelle je pense est compliquée.
_ La recette à laquelle je pense est simple.
_ Le journal dont je te parle est intéressant
_ La vidéo dont je te parle n'est pas intéressante.
_ …
_ …

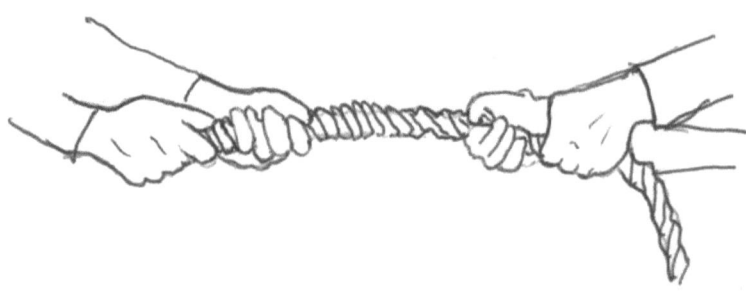

REVISER

Complétez avec un complément circonstanciel indiqué entre parenthèses.

(moyen) Il a réussi à ouvrir la fenêtre **avec un crochet.**
(lieu) C'est _____ qu'il a rencontré son amie.
(cause) Il s'est rendu malade _____ .
(but) Il a collectionné les bouchons de bouteilles _____ .
(fréquence) Elle sortait _____ sans manteau.
(manière) Joseph travaillait _____ .

6. CORRECTION DU CHAPITRE

Exercice 1.

La **chanson** que tu apprends est vraiment très difficile. Je cherche un **endroit** où je pourrai planter ma tente. La **sœur** de Véronique à qui j'ai écrit a déménagé. Les **musiciens** auxquels nous allons nous adresser sont extraordinaires. Antoine achète des **appartements** qu'il revend ensuite. Le **bonnet** dont tu as couvert ton bébé a été tricoté par ma voisine. La **phrase** à laquelle je pense est bien compliquée !

Exercice 2.

L'homme que j'aperçois est grand./ Le livre dont je te parle est intéressant./ L'employé auquel je m'adresse me renseigne correctement./ Le village où je passe mes vacances n'a que 350 habitants.

JOUER

Stéphanie et Lucas qui sont jumeaux, font des farces en permanence.
Je refais l'exercice que je n'ai pas compris hier.
Maëva est la fille qui m'a donné le plus de soucis.
Le couvercle du mixeur que j'ai cassé est parti à la poubelle.
La salade composée pour laquelle tu t'es donné beaucoup de peine était délicieuse.
Tu préfères le chocolat qui contient des noisettes mais moi je ne l'aime pas du tout.
La tasse dans laquelle j'ai bu est fragile.
Ces messieurs dont j'ignore le nom sont anglais.

REVISER

Voici des suggestions de réponses :

C'est en vacances à la Rochelle ...... / ..... à force d'avaler n'importe quoi . / pour les offrir à une œuvre / rarement sans manteau / …à la perfection.

27. LES CONJUGAISONS PRONOMINALES

Je me promène souvent en ville. Je me suis fait beaucoup d'amis à la fac. Nous nous rendons de temps en temps à un petit restaurant où l'on déjeune très bien pour pas cher ! Si vous vous ennuyez, venez nous rejoindre. Les serveuses « se mettent en quatre » pour nous être agréables. (= font tout ce qu'elles peuvent)

I. COMPRENDRE

Comme vous le lisez dans le titre, certains verbes sont conjugués avec un pronom complément ajouté juste avant le verbe. Ex : Paul se rase.

Voici la liste de ces pronoms et un exemple pour chacun :

pronoms	exemples
(je) me	Je me demande ….
(tu) te	Tu te souviens …
(il / elle/….) se s'	Charlotte se lève. Elle se dirige vers la salle de bain.
(Nous) nous	Nous nous entraidons.
(Vous) vous	Vous vous amuserez bien !
(Ils, elles, …) se s'	Mes amis s'écrient …. Ils se disputent.

Dans cette situation, l'auxiliaire nécessaire pour les temps composés est toujours <u>l'auxiliaire « être »</u>.

Ex : Nous nous **sommes** appuyés sur la barrière.
Elle <u>**s'est**</u> trompée.

Les emplois des verbes pronominaux.

C'est dans plusieurs cas que l'on emploie la conjugaison pronominale :

emploi	justification	exemple
Sens réfléchi	Comme dans un miroir, le sujet produit une action sur lui-même.	Tu te coupes les ongles.
Sens réciproque	L'un fait quelque chose avec l'autre, les uns avec les autres.	Les élèves se sont battus violemment.
Sens passif *	L'action est subie par le sujet.	Une maison se construit en haut du village. (au lieu de dire « On construit une maison en ….. »
Verbes toujours conjugués à la voix pronominale	Certains verbes se conjuguent systématiquement avec un pronom de la liste ci-dessus.	Paul s'évanouit au milieu de la foule.

*La voix passive fera l'objet du chapitre 30.

2. S'ENTRAINER

Exercice 1.

Soulignez seulement les constructions pronominales des verbes ci-dessous. Attention : vérifiez bien que le sujet et le pronom qui est devant le verbe sont à la même personne.

Lorsque l'on nous attaque, nous nous défendons très bien.
Les singes se suspendent aux branches et se jettent d'un arbre à l'autre.
Tu ne me parles pas correctement.
Les copains échangent entre eux des jeux vidéos ou se prêtent des DVD.
Vous vous laverez soigneusement les mains ; je tiens à ce que chacun le fasse sans s'éclabousser.
Et ne vous battez plus comme des chiens s'il vous plaît !

Exercice 2.

Conjuguez les verbes « bien s'entendre » et « s'évanouir » à toutes les personnes.

Bien s'entendre	S'évanouir
Je m'entends bien	Je m'évanouis
Tu …	Tu …

Exercice 3.

Formez des phrases à construction pronominale avec le tableau suivant :

Tu	Nous	envoles	dans l'océan
Je	S'	attendiez	beaucoup de bijoux
Nous	T'	penche	à cette tempête ?
Elle	Vous	sont noyés	facilement
Ils	Se	endormons	pour Paris
Vous	Me	achète	par la fenêtre

3. JOUER

Voici une histoire à reconstituer. En mettant les lettres dans le bon ordre, vous pourrez ainsi la lire en continu. Pour terminer on repérera les constructions pronominales …et elles sont nombreuses ! Allez ! je ne serai pas trop méchante, je vous donne un indice : Commencez par la lettre C.

A. Je me suis tant bien que mal souvenu de son adresse.
B. J'en avais par-dessus la tête et je me suis dit que ça ne pouvait plus durer ainsi !
C. Nous nous sommes disputés toute la journée, mes parents et moi, à propos de ma soirée d'anniversaire.
D. C'est alors que je me suis aperçu que j'avais oublié mon téléphone portable, objet indispensable à un fugueur.
E. Ils ont ouvert plus largement la porte et sans bien comprendre, ils se sont reculés pour me laisser entrer. J'ai pu ainsi retrouver mon copain et me faire héberger pour la nuit sans même imaginer que mes parents seraient inquiets !
F. C'est alors que, après avoir longtemps marché et longuement hésité, je suis arrivé, tête basse, et j'ai tenté de fournir quelques vagues explications à mes parents.
G. Le problème c'est que je me suis longtemps demandé où aller…
H. Etant particulièrement énervé, je me suis tout d'abord décidé à quitter la maison.
I. Le jour baissait déjà, alors j'ai décidé de me rendre chez un copain.

C								

4. ENRICHIR SON VOCABULAIRE

L'hôpital

Ce lieu fait peur, surtout si l'on est à l'étranger. Lorsqu'on le connaît mieux, c'est plus facile. Voici toutes les façons de pénétrer dans **l'univers hospitalier** :

1. Y travailler : en effet, de très nombreux emplois sont ouverts dans une grande variété de domaines : professions médicales, paramédicales, administratives, techniques.
2. Y rencontrer les malades : si l'on doit **rendre visite** à un malade, il est bon de s'adresser à **l'hôtesse d'accueil** dans le hall principal. Elle vous dira précisément le service* et la chambre dans laquelle vous trouverez le malade.
3. Y venir pour un examen ou une **consultation externe** ; vous ne dormirez pas à l'hôpital : en arrivant vous passerez au **bureau des soins externes** ; là on vous accueillera, on vérifiera vos papiers de **sécurité sociale** et l'on vous remettra une **fiche navette** ou des étiquettes que vous déposerez au moment de l'examen ou de la consultation. La plupart du temps, il vous faudra retourner à cet accueil avant de quitter l'hôpital.
4. Y passer une journée pour un examen ou une petite **intervention ambulatoire**. Vous serez admis pour une demi-journée ou une journée dans des petites boxes ou des mini-chambres. Accompagné de quelqu'un vous pourrez ressortir sans passer la nuit à l'hôpital.
5. Y entrer pour un **traitement ou une intervention** prévus : vous arriverez donc avec votre sac ou une petite valise pour séjourner à l'hôpital. C'est le bureau des **admissions** qui vous recevra, fera toutes les **formalités**, vous demandera si vous souhaitez une télécommande pour la télé ou le téléphone et vous présentera votre chambre. Si vous souhaitez être seul et si vous acceptez de payer un supplément, demandez une **chambre particulière**. Vous aurez déjà rencontré **l'anesthésiste** si cela est nécessaire. Vous aurez éventuellement un **bilan sanguin** et un électro-cardiogramme pour s'assurer que le cœur supportera les médicaments puissants.
6. Y être admis aux **urgences** : si vous êtes blessé, si vous avez un problème sérieux, vous serez alors admis aux urgences. Vous devrez sans doute patienter un certain temps dans des conditions peu confortables car certains gros cas pathologiques pour lesquels le **pronostic vital est engagé** sont traités en priorité.

- Laissez-moi pour terminer vous présenter les services les plus connus :

Médecine interne, urologie et néphrologie	Toutes maladies générales et des voies urinaires
Gastro-entérologie, hépatologie	Estomac et intestins, foie
Chrirugie digestive et orthopédique, bloc opératoire et salle de réveil	Pour les interventions (opérations)
Cardiologie et soins intensifs, pneumologie	Pour le cœur et les poumons
Oncologie	Cancers
Pédiâtrie	Pour tous les enfants jusqu'à 15 ans
Psychiatrie et neurologie	Maladies mentales et nerveuses
Maternité et gynécologie	Grossesses, accouchements et maladies des organes génitaux féminins
Dermatologie	Pour la peau
Rhumatologie	Maladies des articulations et de la colonne vertébrale

5. DIALOGUER

Une personne est dans son lit d'hôpital et l'autre à la maison. Chacun pose des questions et donne des renseignements (accueil, contact, douleur, télévision…)

« Allo, je suis installé dans ma chambre dans le service de …L'infirmière est jeune
et sympathique.
_ Très bien ! As-tu passé des examens ?
_Un seul mais on doit venir me chercher pour la radiologie
_……
_……

REVISER

Reliez les deux phrases par un pronom relatif comme dans l'exemple.

Je me trouvais dans la chambre. On y avait allumé du feu.
Je me trouvais dans la chambre où on avait allumé du feu.

Les chaussettes sont couvertes de boue. Tu les as portées pour le cross de l'école.
_____

Nous commençons une aventure. Nous n'en connaissons pas la fin.
_____

Ce plat est un vrai régal. Il est facile à réaliser.
_____

Je m'adresse au policier. Il m'explique l'itinéraire.
_____

6. CORRECTION DU CHAPITRE

Exercice 1.

Lorsque l'on nous attaque, **nous nous défendons** très bien.

Les singes **se suspendent** aux branches et **se jettent** d'un arbre à l'autre.

Tu ne me parles pas correctement. (Le sujet et le pronom ne sont pas à la même personne.)

Les copains échangent entre eux des jeux vidéos ou **se prêtent** des DVD.

Vous vous laverez soigneusement les mains ; je tiens à ce que chacun le fasse sans **s'éclabousser. Et ne vous battez plus** comme des chiens s'il vous plaît !

Exercice 2.

Bien s'entendre	S'évanouir
Je m'entends bien	Je m'évanouis
Tu t'entends bien	Tu t'évanouis
Il s'entend bien	Il s'évanouit
Nous nous entendons bien	Nous nous évanouissons
Vous vous entendez bien	Vous vous évanouissez
Ils s'entendent bien	Ils s'évanouissent

Exercice 3.

Tu t'envoles pour Paris / Je me penche par la fenêtre / nous nous endormons facilement / Elle s'achète beaucoup de bijoux. / Ils se sont noyés dans l'océan. / Vous vous attendiez à cette tempête ?

JOUER

En suivant l'ordre des lettres …on reconstitue l'histoire de Louis.

C	B	H	G	I	D	A	F	E

REVISER

Les chaussettes **que** tu as portées pour le cross sont recouvertes de boue.

Nous commençons une aventure **dont** nous ne connaissons pas la fin.

Ce plat **qui** est facile à réaliser est un vrai régal.

Je m'adresse au policier **qui** m'explique l'itinéraire.

28. Les pronoms adverbiaux « en » et « y »

Deux tout petits mots…trois lettres en tout…mais qui permettent d'en dire long. Je suis un peu paresseuse, mes collègues ne se gênent pas pour le dire mais pour une fois ça tombe bien car ces deux mots sont en fait des raccourcis. Ils m'évitent donc d'en écrire trop. Ils représentent des choses des lieux, des idées, parfois même des animaux ou des personnes.

1. COMPRENDRE

- « en » est un raccourci mis pour « de ça » ou « ça ».

Ex : Tu as beaucoup de cartouches d'encre. Donne **m'en** une s'il te plaît. (« en » remplace « cartouches d'encre »)
Il reste de la crème. Si tu as encore faim, tu peux **en** reprendre. (« en » remplace « de la crème »)
J'ai reçu le premier prix ; je **n'en** reviens pas ! (= Je suis très surpris d'avoir reçu le premier prix.)
Pierrot peut taper du pied et faire un caprice, je **m'en** moque ! (= de voir Pierrot taper du pied et faire un caprice)
Tu m'as acheté trois pots de peinture mais je **n'en** ai utilisé que deux. (pots de peinture)

- « en » est un raccourci mis pour « de là »

Je pars à Paris. **J'en** reviendrai vers 14h. (« en » remplace « Paris »).

- « en » entre dans des expressions toutes faites, en particulier lorsqu'il est associé à certains verbes. Ex : Je **m'en** vais ; il **s'en** tient à …elle **en** reste là ; vous vous **en** retournerez…

- Y est un raccourci pour « à ça ».

Ex : Je me fais du souci pour la maladie de mon père, **j'y** pense tout le temps. (à cette maladie)
Ton plat sent très bon, laisse-moi **y** goûter s'il te plaît.

- Y est un raccourci pour « là, là-bas »

Ex : Paris n'est pas très loin, **j'y** vais souvent. Vas-**y** toi aussi !
Je suis déjà allé skier ; j'aime beaucoup ça ; **j'y** retourne chaque année.
Mon frère va chaque samedi au stade ; il **y** retrouve tous ses amis.

- « Y » entre dans des expressions toutes faites comme : il **y** a   il **y** va   il **n'y** paraît
Je m'**y** connais   on s'**y** retrouve   il s'**y** prend mal   je n'**y** vois rien   tu n'**y** es pas

2. S'ENTRAINER

Exercice 1.

Repérez puis encadrez les pronoms adverbiaux dans le texte suivant. Cherchez à quoi ils se rapportent.

Daniel a une bonne mémoire. Si vous lui donnez deux numéros de téléphone, il s'en souviendra jusqu'au soir.
Je te donne ma perceuse ; je ne m'en sers jamais.
Comment connais-tu ce club de sport ? Tu y es inscrit ?
J'aime beaucoup ce magazine, j'y suis abonné depuis trois ans.
Cela fait trois fois que je te répète la même chose. Quand t'en souviendras-tu ?
Nous sommes allés au théâtre dimanche dernier pour y voir une pièce moderne. Nous l'avons recommandée à nos amis qui vont y aller le week-end prochain.
Il ne fait pas de gymnastique ; il en est dispensé.

Exercice 2.

Choisissez le pronom adverbial qui convient. Pour cela repérez le verbe puis essayez (là/de là/ça/de ça)

Je m'_____ vais à 16h. Je passe par la poste. J'_____ serai vraisemblablement vers 16h15.
Ce travail est difficile mais je m'_____ attelle avec sérieux.
Tes histoires inventées, je m'____ moque complètement.
Ton gratin est délicieux. Est-ce que je peux _____ reprendre ?
Les professeurs expliquent une fois la règle mais il faut _____ revenir pour l'assimiler complètement.
Nous avons gagné, tant mieux ! Mais je n'_____ suis pour rien !

3. JOUER

Reliez par des traits de crayon chacun des pronoms adverbiaux aux verbes correspondants.
Le dictionnaire peut aider.

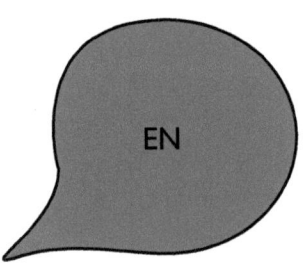

S'_____ étonner   s'_____ souvenir

S'_____ rendre   s'_____ apercevoir

S'_____ rendre compte   s'_____ consacrer

S'_____ attacher   s'_____ servir

S'_____ moquer   s'_____ aller

S'_____ retrouver   s'_____ retourner

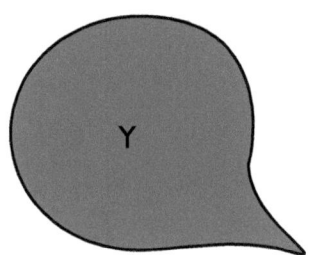

4. ENRICHIR SON VOCABULAIRE

Les médias.

Depuis des siècles les moyens de communiquer ont évolué à une vitesse incroyable. Autrefois les informations arrivaient par la **presse**. Les **quotidiens** paraissaient et paraissent toujours chaque jour ; les **hebdomadaires** une fois par semaine, les **mensuels** une fois par mois. Les articles qu'ils contiennent sont écrits par des **journalistes**. On y trouve parfois des dessins humoristiques appelés **caricatures**.

Puis la **radio** a beaucoup progressé dans la première moitié du XX° siècle. Sous l'occupation allemande, les informations importantes étaient « brouillées ». A partir des années 60, chaque famille se retrouvait le soir autour du **poste** pour écouter les **informations** et éventuellement d'autres **émissions** plus distrayantes. Puis on a inventé les petits **transistors portables** qui faisaient la joie des adolescents. Ainsi ils pouvaient s'enfermer dans leur chambre et écouter leur chanteur préféré avec plus ou moins de discrétion ! Le baladeur a suivi, à la fin du siècle, et câbles et oreillettes sont apparus très vite chez les ados.

Pendant ce temps, c'est la **télévision** qui est arrivée dans les maisons et dans les années 70, presque tous les **foyers** en étaient équipés, même si l'offre n'était pas très variée (deux ou trois **chaînes** au plus, essentiellement en soirée). Pas de quoi se disputer au sein de la famille, tout le monde regardait le même programme ou s'occupait à autre chose. Les films n'étaient plus réservés aux seules salles de **cinéma**. On pouvait les voir confortablement installés dans son fauteuil ou son canapé, ou même, pour la femme, en faisant le repassage. Quelle révolution ! Il en était de même pour les **pièces de théâtre**. En fin de semaine, les chaînes nous en offrait une, enregistrée dans un théâtre parisien.

Aujourd'hui nous sommes à l'ère de la télévision par **câble**, par **satellite** et certains parmi nous peuvent **capter** plus de trois cent chaînes en différentes langues. Enfin la plus grande révolution dans ce domaine s'est produite lorsque **l'ordinateur** est devenu familial. Peu à peu les logements s'en sont équipés, certains en plusieurs exemplaires et pour une somme raisonnable les familles ont accès à **internet** pour le meilleur et parfois pour le pire. C'est ainsi que les informations …et les **rumeurs** circulent à grande vitesse et on a accès à une banque de données universelle en quelques clics.
Beaucoup d'affaires administratives ou commerciales sont **gérées** uniquement sur internet, au **détriment** de la **confidentialité**.

Globalement tous ces médias ont un grand besoin d'argent pour fonctionner et se développer ; ce sont les **annonceurs publicitaires** qui assurent cet apport.

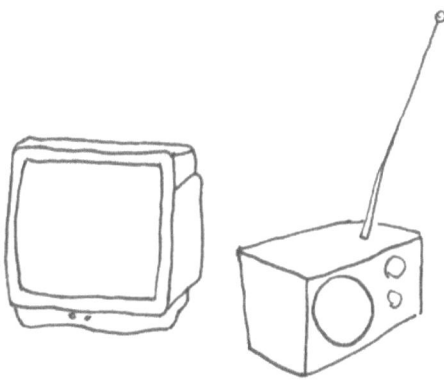

5. DIALOGUER

Pour utiliser « en » et « y » dans leurs différents emplois, je vous propose de dialoguer avec les mots clés soulignés suivants :

La tarte aux pommes….j'y goûterai bien….j'en reprendrai bien un peu
…même chose avec un autre plat.

La ville de Toulouse …j'y vais…j'en reviens….j'y retournerai…
…même chose avec une autre ville.

La solution d'un problème …j'y réfléchis…j'y pense souvent…je m'en souviens….j'en parle…
…même chose avec un projet.

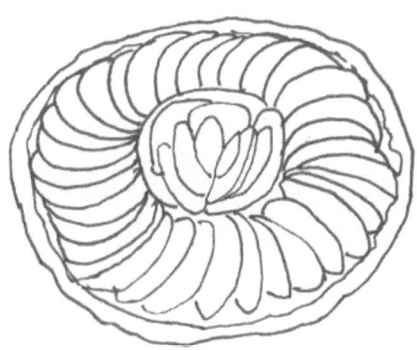

REVISER

Après avoir bien observé les sujets des verbes, complétez avec les bons pronoms.

Ces hommes _____ considèrent comme les meilleurs.
Le patron ne _____ contentera pas de ces explications.
Pensez-vous que nous pourrons _____ en sortir ?
Je me suis perdu dans Strasbourg et mes parents _____ sont fait beaucoup de souci .
Ne _____ gêne pas surtout, tu me marches sur le pied !
Les chameaux _____ sont sauvés dans le désert.
J'espère que tu _____'en occuperas correctement !

6. CORRECTION DU CHAPITRE

Exercice 1.

Daniel a une bonne mémoire. Si vous lui donnez deux numéros de téléphone, il s'en souviendra jusqu'au soir.
Je te donne ma perceuse ; je ne m'en sers jamais.
Comment connais-tu ce club de sport ? Tu y es inscrit ?
J'aime beaucoup ce magazine, j'y suis abonné depuis trois ans.
Cela fait trois fois que je te répète la même chose. Quand t'en souviendras-tu ?
Nous sommes allés au théâtre dimanche dernier pour y voir une pièce moderne.
Nous l'avons recommandée à nos amis qui vont y aller le week-end prochain.
Il ne fait pas de gymnastique ; il en est dispensé.

Exercice 2.

Je m'*en* vais à 16h. Je passe par la poste. J'*y* serai vraisemblablement vers 16h15.
Ce travail est difficile mais je m'*y* attelle avec sérieux.
Tes histoires inventées, je m'*en* moque complètement.
Ton gratin est délicieux. Est-ce que je peux *en* reprendre ?
Les professeurs expliquent une fois la règle mais il faut *y* revenir pour l'assimiler complètement.
Nous avons gagné, tant mieux ! Mais je n'*y* suis pour rien !

JOUER

Avec EN on peut écrire :

S'en étonner ; s'en souvenir ; s'en rendre compte ; s'en servir ; s'en moquer ; s'en aller ; s'en retourner
Avec Y on peut écrire :
S'y rendre ; s'y consacrer ; s'y attacher ; s'y retrouver

REVISER

Ces hommes *se* considèrent comme les meilleurs.
Le patron ne *se* contentera pas de ces explications.
Pensez-vous que nous pourrons *nous* en sortir ?
Je me suis perdu dans Strasbourg et mes parents *se* sont fait beaucoup de souci.
Ne *te* gêne pas surtout, tu me marches sur le pied !
Les chameaux *se* sont sauvés dans le désert.
J'espère que tu *t'* en occuperas correctement !

29. LE MODE CONDITIONNEL

Ah ! Si je le pouvais….je ferais le tour du monde avec mon ami, nous aiderions tous ceux qui nous le demanderaient , ils partageraient… nous partagerions…nous rentrerions pleins de souvenirs et le cœur chauffé par les sourires des enfants…Mais revenons sur terre, à Bordeaux plus exactement…tout ceci n'est qu'un rêve, un rêve au conditionnel !

I. COMPRENDRE

Construction
Ce mode a deux temps : présent et passé.
* Formation du conditionnel présent.
Le conditionnel présent se forme en prenant le futur d'un verbe et en ajoutant les terminaisons de l'imparfait de l'indicatif (ais ; ais ; ait ; ions ; iez ; aient)

Exemples :

Verbes	Futur simple	Présent du conditionnel
Changer	Tu changeras/vous changerez	Tu changerais/vous changeriez
Ecrire	Il écrira/ils écriront	Il écrirait/ils écriraient

* Formation du conditionnel passé
C'est un temps composé. Comme pour tous les temps composés, c'est l'auxiliaire (avoir ou être) qui se conjugue au conditionnel puis on ajoute le participe passé du verbe utilisé.

Exemples :

Avec avoir	Avec être
J'aurais lu	Je me serais évanoui
Tu aurais lu	Tu te serais évanoui
Il aurait lu	Il se serait évanoui
Nous aurions lu	Nous nous serions évanouis
Vous auriez lu	Vous vous seriez évanouis
Ils auraient lu	Ils se seraient évanouis

Emplois
Les raisons d'employer le conditionnel sont les suivantes :

- Pour la politesse :

Pourriez-vous s'il vous plaît…
Je souhaiterais obtenir…
Viendriez-vous demain chez nous ?

- Pour une condition :

Si j'en avais le temps et l'argent, je construirais un bateau.
Si tu travaillais un peu plus , tu réussirais peut-être ton concours.

- Pour exprimer un doute et pour parler dans l'imaginaire :

Il paraît que M. C serait malade…
Tu serais la maîtresse et nous serions les enfants…(jeu d'enfant)

- Pour exprimer un fait futur mais dans le passé :

Je savais bien qu'ils ne me suivraient pas.
Je les avais prévenus que le ballon éclaterait.

Importance de faire concorder les temps.
Lorsque la condition est écrite à l'imparfait, on emploie le conditionnel présent.

Si j'étais riche, je ferais le tour du monde.

Lorsque la condition est au plus-que-parfait, on emploie le conditionnel passé.

Si j'avais été riche , dans ma jeunesse, j'aurais fait le tour du monde.

<u>Attention</u> : si la condition est au présent , on n'emploie pas le conditionnel mais le futur simple.

Ex : [Si tu viens, j'irai au cinéma avec toi] (futur)
Si tu venais, j'irais au cinéma avec toi. (conditionnel présent)

Dans le doute , on peut remplacer « je » par « nous » : nous irons….nous irions…

2. S'ENTRAINER

Exercice 1.

Soulignez les verbes au conditionnel et placez un « P » derrière ceux qui sont au conditionnel passé.
≠Attention, tous les verbes ne sont pas au conditionnel !

Nous irons demain chez ma tante. Nous aurions pu aller passer la journée à la mer mais ça aurait été une journée coûteuse et fatigante à cause des péages, de l'essence et des embouteillages sur l'autoroute. Nous lui apporterons une belle tarte aux prunes qui lui fera certainement plaisir. Si j'avais du chocolat, je lui confectionnerais un fondant au chocolat mais ce n'est pas bien grave car en fait mon oncle n'aurait pas apprécié. J'ai entendu dire que mon cousin aurait grandi de dix centimètres en un an ! Ma tante a dû lui racheter tous ses vêtements. Quant aux chaussures, n'en parlons pas, il ferait du 44 !

Exercice 2.

Conjuguez les verbes dans le tableau suivant :

	partir	remercier	recevoir
Conditionnel présent			
Conditionnel passé			

Exercice 3.

Mettre au conditionnel au temps logique en appliquant la fin de la rubrique « comprendre ».

(réparer) Si tu avais un tournevis, tu _____ le guidon de vélo.
(pouvoir) _____-vous m'aider à porter cette valise ?
(être) J'avais cru lire que le coupable _____ arrêté, vrai ou faux ?
(donner) Je _____ volontiers plus pour les œuvres.
(faire) Si le temps était meilleur, nous _____ de jolies balades dans la montagne.
(rassembler ; aider) Si elle m'avait prévenue, j'_____ toutes mes amies et nous l'_____ bien _____.

3. JOUER

AH ! si …..

Associez les morceaux de phrases qui vont bien ensemble. Attention à la concordance des temps.

1. Si j'avais pu me charger.
2. Si tu avais obéi à ta tante.
3. Si nous avions reçu ce papier avant.
4. Si tu écoutais ce qu'on te dit.
5. Si j'avais des chaussons fourrés.
6. S'il restait un peu de pain.
7. Si vous m'aviez dit ça plus tôt.

A. J'aurais les pieds bien au chaud.
B. Je te ferais une bonne tartine.
C. Tu ne te serais pas écorché le genou en courant.
D. Je ne serais pas allée à Paris pour rien !
E. J'aurais apporté un gros dictionnaire.
F. Tu ne ferais pas d'erreur.
G. Nous aurions compris très vite de quoi il s'agissait.

4. ENRICHIR SON VOCABULAIRE

La papeterie.

Dans une papeterie, on trouve tout ce qu'il faut pour écrire du **courrier** personnel ou administratif, du matériel de **classement** de papiers mais surtout une grande diversité de petits objets que les enfants **réclament** à chaque rentrée des classes.

Les adultes trouveront donc du **papier à lettres** et des **enveloppes**, des **cartes de vœux** de toutes sortes, des stylos, des **rames** de papier pour **l'imprimante** de l'ordinateur, pour le **fax**, et des **cartouches** d'encre. Ils achètent aussi **des dossiers à élastique**, des **chemises** cartonnées, des **intercalaires** et des chemises avec 50, 100 ou 200 **transparents**. Des classeurs cartonnés leur permettront d'archiver les documents. Une agrafeuse assemblera les feuilles tandis qu'un **massicot** coupera proprement des piles de feuilles.

Les élèves des écoles, collèges et lycées achèteront des **cahiers**, un **cahier de textes** puis un **agenda** pour inscrire les devoirs à faire à la maison, des **feuilles simples** de classeurs à petits ou gros carreaux et des **copies doubles** pour les contrôles, en particulier au lycée car on écrit beaucoup. Les plus jeunes se contenteront d'une ardoise blanche et de quelques **feutres** pour colorier tandis que les collégiens, plus attentifs à la mode, réclameront une quantité de **stylos** multicolores, de règles souples, de surligneurs et d'effaceurs. Pour les maths, un **compas**, une **équerre** et un **rapporteur** se glisseront dans le cartable avec la **calculatrice**. Celle-ci n'est pas très chère pour les avantages qu'elle apporte, sauf au lycée scientifique où une calculatrice graphique est demandée. Et là, le prix n'est plus le même !

5. DIALOGUER

Partie A : échange de politesses chez madame la princesse !
Par politesse, vous échangez des propos au conditionnel :

« Bonjour madame , je souhaiterais….
_Prendriez-vous un siège ?
_ Merci , en effet je désirerais….
_Auriez-vous la gentillesse de ….
_ …..
_ ….. »

Partie B. regrets éternels !

« Comme je regrette d'avoir fait ça avec ce couteau, j'aurais pu me blesser profondément !
_ Oui, en effet , tu aurais dû écouter mes conseils
_ …et j'aurais pris ces ciseaux…
_ tu aurais pu éviter de ….
_ en effet , j'aurais mieux fait de ….
_ …
_ …

REVISER

Compléter avec « en « et « y ». Pour cela n'oubliez pas d'essayer de remplacer par : là/à ça/de ça

Tu m'as confié un secret. Ne t'inquiète pas, je n'_____ parlerai à personne. Tu n'_____ doutes pas j'espère !
Toute ton histoire , je veux bien _____ croire mais tout de même, c'est surprenant.
Quelle bonne odeur de viande en sauce ! j'_____ goûterais volontiers !
Ne t'_____ fais pas, je m'occupe de tout. Je cours au supermarché de bricolage avec l'espoir d'_____ trouver la bonne couleur de peinture. Si elle ____ est , je t'_____prends combien de pots ?
Daniel est parti pour l'Alsace. Il _____ restera une semaine pour prendre soin de papa. Quand il _____ sera revenu, ce sera mon tour d'y aller.

6. CORRECTION DU CHAPITRE

Exercice 1.

Nous irons demain chez ma tante. Nous **aurions pu** (P)aller passer la journée à la mer mais ça **aurait été** (P)une journée coûteuse et fatigante à cause des péages, de l'essence et des embouteillages sur l'autoroute. Nous lui apporterons une belle tarte aux prunes qui lui fera certainement plaisir. Si j'avais du chocolat , je lui **confectionnerais** un fondant au chocolat mais ce n'est pas bien grave car en fait mon oncle **n'aurait pas apprécié**.(P) J'ai entendu dire que mon cousin **aurait grandi** (P)de dix centimètres en un an ! Ma tante a dû lui racheter tous ses vêtements. Quant aux chaussures, n'en parlons pas, il **ferait** du 44 !

Exercice 2.

	partir	remercier	recevoir
Conditionnel présent	Je partirais Tu partirais Il partirait Nous partirions Vous partiriez Ils partiraient	Je remercierais** Tu remercierais Il remercierait Nous remercierions Vous remercieriez Ils remercieraient	Je recevrais Tu recevrais Il recevrait Nous recevrions Vous recevriez Ils recevraient
Conditionnel passé	Je serais parti Tu serais parti Il serait parti Nous serions partis* Vous seriez partis Ils seraient partis	J'aurais remercié Tu aurais remercié Il aurait remercié Nous aurions remercié Vous auriez remercié Ils auraient remercié	J'aurais reçu Tu aurais reçu Il aurait reçu Nous aurions reçu Vous auriez reçu Ils auraient reçu

*Avez-vous pensé à accorder le participe passé avec le sujet ? Voir leçons 17 et 18.
**Avez-vous pensé au « e » muet , comme au futur simple ? Voir leçon 12.

Exercice 3.

Tu réparerais/pourriez-vous/aurait été arrêté/donnerais/ferions/j'aurais rassemblé/nous l'aurions bien aidée.

JOUER

1 et E / 2 et C / 3 et G / 4 et F / 5 et A / 6 et B / 7 et D

REVISER

Je n'en parlerai/ tu n'en doutes pas / y croire / j'en goûterais / ne t'en fais pas / l'espoir d'y trouver / si elle y est / je t'en prends / il y restera / quand il en sera revenu / d'y aller.

30. LA VOIX PASSIVE

Voilà déjà trente chapitres qui sont passés et vous avez appris à me connaître un peu plus. Je suis une « active » ; je suis dynamique et n'aime pas subir les actions. Mais mon amie, Claire, c'est toput le contraire. Elle attend passivement que tout lui arrive. Il en est de même pour les phrases « passives ».

1. COMPRENDRE

Au lieu de dire : « Les enfants dévorent le gâteau » (voix active), on dit : « Le gâteau est dévoré par les enfants. » C'est le gâteau qui « subit » l'action d'être dévorée.
Au lieu de dire : « Les gros poissons attaquent les petits. » (voix active), on dit « Les petits poissons sont attaqués par les gros. » (voix passive) Ce sont les petits qui « subissent » l'attaque.
Construction de la voix passive.
Voici le déroulé qui peut paraître compliqué mais je vous invite à voir les exemples en même temps pour faciliter la compréhension.

- Je cherche le COD de la phrase active (répondant à la question « qui ? » ou « quoi ? » après le verbe. Ma mère tricote **un pull rouge.**
- Ce COD sera le nouveau sujet. Un pull rouge…
- J'utilise l'auxiliaire être en le mettant au temps du verbe de la phrase active : présent … »est »
- J'ajoute le participe passé du verbe de départ : « tricoté »
- Je termine par un <u>complément d'agent</u> introduit par « par »ou « de » et reprenant le sujet de la voix active sauf si ce sujet est « on » (pas de complément du tout). Ici : « par ma mère ».

Phrase active	Phrase passive
Ma mère tricote un pull rouge. COD ? …un pull rouge Temps ? présent Sujet ? ma mère	Un pull rouge est tricoté par ma mère. Sujet …..complément d'agent Plus aucun COD Auxiliaire être au présent
Le chat a rapporté une souris. COD ? une souris Temps ? passé composé Sujet ? le chat	Une souris a été rapportée par le chat. (auxiliaire être au passé composé)
On regardait souvent ce DVD. COD ? ce DVD Temps ? imparfait Sujet ? on	Ce DVD était souvent regardé. (auxiliaire être à l'imparfait) Pas de complément d'agent
Ses parents l'aiment beaucoup. COD l' qui deviendra « il » comme sujet Temps ? présent Sujet ? ses parents	Il est très aimé de ses parents. On préfère transformer « beaucoup » en « très » mais sans justification grammaticale.

C'est le chemin exactement inverse qu'il faut suivre pour passer de la voix passive à la voix active.

Exemples :

Voix passive	Voix active
Les volets seront repeints par mon voisin. Sujet ? les volets (deviendra COD) Complément d'agent ? par mon voisin (deviendra sujet) Temps du verbe être ? futur simple	Mon voisin repeindra ses volets.
Une grande tour est construite à Paris. Sujet ? une grande tour Complément d'agent ? aucun Temps du verbe être ? présent de l'indicatif	On construit une grande tour à Paris. Le sujet « on » est ajouté quand il n'y a pas de complément d'agent.

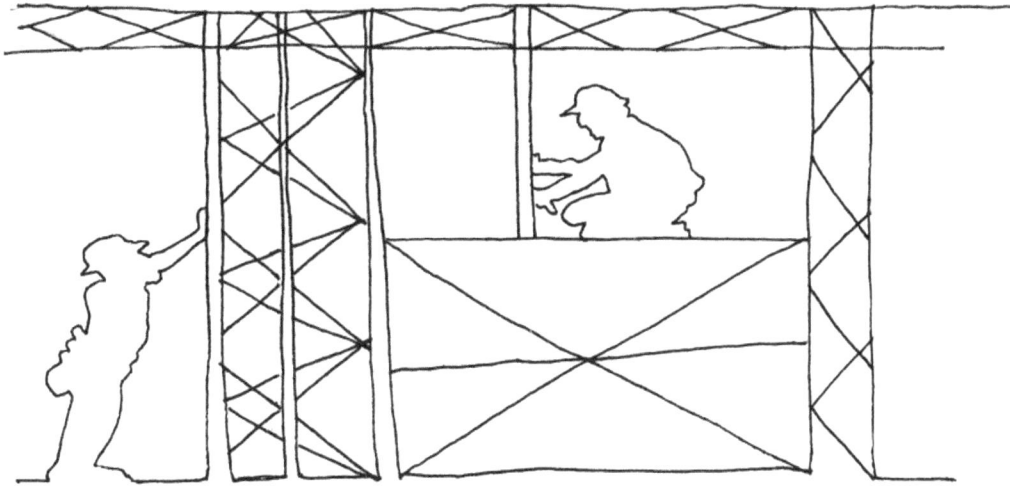

2. S'ENTRAINER

Exercice 1.

Cet exercice est seulement un exercice de repérage et de préparation.
Dans les phrases suivantes, soulignez le sujet, encadrez le COD et écrivez le temps du verbe.

Josette épluchera trois carottes. _____
Tes parents t'ont donné une table. _____
Les incisives (dents de devant) mordent la pomme. _____
On aura programmé la machine. _____
Le directeur avait lu les consignes. _____

Exercice 2.

Passez les quatre phrases de l'exercice 1 à la voix passive. Attention le verbe auxiliaire s'accorde avec le nouveau sujet.

_____
_____
_____
_____
_____

Exercice 3.

C'est le travail inverse qui est, cette fois, demandé. Les phrases sont à la voix passive. Remettez-les à la voix active en imitant la démarche du second tableau.

Ce livre sera traduit par Antoine.
_____
_____

La souris a été mangée par le chat.
_____
_____

Un petit diplôme est remis par le moniteur à chaque participant.
_____
_____

Le littoral était nettoyé par des centaines de bénévoles.
_____
_____

3. JOUER

Est-ce actif ou est-ce passif ?

Observez attentivement les bulles. Dans les phrases passives le sujet subit l'action. (La robe est cousue par ma sœur.) Dans les phrases actives le sujet ne subit pas, il « fait » ou il « est ». (Paul est arrivé par beau temps.)

Rayez les bulles qui ne sont pas à la voix passive.

1. Le dessert est prêt à servir.

2. La tarte est cuite à point

3. La machine a été reparée par l'ouvrier.

4. Thomas est revenu à 10h.

5. Nous étions avertis par la radio.

6. Mon père ne s'est jamais promené par forte pluie.

4. ENRICHIR SON VOCABULAIRE

L'homme et l'animal.

Les hommes ont toujours été attirés par les animaux, les enfants encore plus que les adultes.

Les **animaux domestiques** occupent une grande place dans les maisons et les appartements : on trouvait autrefois uniquement des chats, des chiens, des hamsters, des cochons d'Inde, des canaris en cage et des poissons en aquarium. Mais de plus en plus, aujourd'hui, on rencontre des **furets**, des **souris**, des **lapins** et même parfois des **singes**, des tortues énormes ou des **serpents**.

Ces animaux sont en bonne place dans la famille et un budget leur est consacré (réservé) pour l'achat de la nourriture et du **matériel d'hygiène.**

En effet les chiens mangent de la viande, des légumes, des pâtes, des croquettes bien équilibrées. Il **font leurs besoins** à l'extérieur, dans les jardins ou dans le caniveau de la rue, à moins qu'on ne puisse les emmener courir en forêt. Les vétérinaires leur **administrent** des **vaccins** de façon régulière, en particulier contre la **rage**.

Les chats se nourrissent de **pâtées** ou de **croquettes** et sont en général plus difficiles en matière de goût. Si la nourriture ne leur plaît pas ils « boudent » et réclament autre chose. Eux ont besoin d'une **litière** contenant des petits cailloux de calcaire ayant la propriété de retirer les odeurs.

Les oiseaux mangent des **graines** et les poissons une toute petite quantité de **daphnies**. Bien souvent les enfants de la famille leur donnent trop de nourriture et les pauvres poisons en meurent. Il faut régulièrement nettoyer la cage des oiseaux et l'aquarium des poissons.

Mais les hommes s'intéressent aussi beaucoup à d'autres animaux et en particulier au cheval. Nombreuses sont les personnes qui montent à cheval ou qui vont les voir ou les soigner dans les **haras** et les pensions pour poneys par exemple. Pour certains adolescents, c'est une vraie passion et quand on pénètre dans leur chambre on ne trouve que posters de chevaux… médailles …sans oublier les **bombes**, pantalons et bottes **d'équitation, équipement** indispensable à tout **cavalier.**

Les zoos et réserves d'animaux sauvages remportent beaucoup de succès auprès des touristes. On peut maintenant s'y promener dans sa propre voiture en respectant des consignes de sécurité.

Les seuls animaux qui n'intéressent vraiment pas les humains en général sont les **insectes**, les **araignées**, les **fourmis**. Ils sont chassés, écrasés et reçoivent parfois de fortes doses de produits toxiques car ils sont plutôt indésirables.

L'homme et l'animal doivent se respecter mutuellement et cohabiter sans trop de problèmes. On **déplore** chaque année de très nombreux **abandons** d'animaux domestiques avant les vacances d'été.

5. DIALOGUER

Quel travail !

Quand j'avais seize ans, mes parents nous ont laissés seuls mon frère et moi avec quelques consignes précises car ils partaient débarrasser la maison de ma grand-mère pou la mettre en vente. Mes parents ont utilisé la voix passive pour passer leurs consignes, mais nous, je crois bien que nous avons été plutôt actifs !

« Quand nous rentrerons dans huit jours la maison sera rangée

_le frigo sera rempli
_le repas sera préparé par Thomas
_notre chambre sera nettoyée
_le courrier sera posé…
_…..

REVISER

1. Utiliser le conditionnel présent des verbes donnés pour compléter les phrases suivantes :

(donner) Si je gagnais beaucoup d'argent, j'en _____ généreusement à ceux qui soignent les enfants des pays en développement.
(pouvoir) _____-tu m'aider pour mon devoir de maths ?
(être) Nous _____ des princes, et les filles _____ des princesses. (rencontrer) Nous nous _____ dans le parc du château. (tomber) Puis nous _____ tout de suite amoureux !

2. Les verbes ci-dessous sont au conditionnel présent ; mettez la phrase au conditionnel passé. Choisir pour cela le bon auxiliaire que l'on mettra au conditionnel, puis ajouter le participe passé.

Vous rentreriez en retard. _____
Je prendrais une bonne douche. _____
Elle tricoterait un pull vert. _____
Ils diraient la vérité. _____
Vous descendriez dans cet hôtel. _____

6. CORRECTION DU CHAPITRE

Exercice 1.

<u>Josette</u> épluchera |trois carottes.|_____futur_____
<u>Tes parents</u> t'ont donné |une table|._____passé composé_____
<u>Les incisives</u> (dents de devant) mordent |la pomme.|_____présent_____
<u>On</u> aura programmé |la machine.|_____futur antérieur_____
<u>Le directeur</u> avait lu |les consignes.|_____plus-que-parfait_____

Exercice 2.

Trois carottes seront épluchées par Josette.
Une table t'a été donnée par tes parents.
La pomme est mordue par les incisives.
La machine aura été programmée.
Les consignes avaient été lues par le directeur.

Exercice 3.

Antoine traduira ce livre.
Le chat a mangé la souris.
Le moniteur remet à chaque participant un petit diplôme.
Des centaines de bénévoles nettoyaient le littoral.

JOUER

Vous deviez rayer les bulles 1, 4 et 6 qui ne sont pas à la voix passive.

REVISER

1. Donnerais / pourrais / serions / seraient / rencontrerions / tomberions
2. Vous seriez rentrés en retard.
   J'aurais pris une bonne douche.
   Elle aurait tricoté un pull vert.
   Ils auraient dit la vérité.
   Vous seriez descendus dans cet hôtel.

31. LA PHRASE COMPLEXE

La ville dont je vous ai parlé et qui demeurera toujours dans mon cœur est la ville de Bordeaux.
Cette phrase un peu compliquée pourrait être beaucoup plus simple pour fournir le même message : « J'aime Bordeaux ; je vous l'ai dit. » (par exemple) Vous trouverez peut-être que les français sont un peu compliqués mais je reconnais qu'ils utilisent souvent des phrases complexes. Oui, nous sommes réputés bavards !

1. COMPRENDRE

Ces phrases comprennent plusieurs verbes conjugués qui sont le noyau principal de chaque partie appelée proposition.

1. **Les enchaînements** avec des virgules, des conjonctions de coordination ou des adverbes.

>   Nous avons nettoyé, frotté, puis nous avons fait briller nos chaussures.
>   Nous n'avons pas de cartes et nous sommes perdus.

2. **Les propositions relatives** (expliquées chapitre 26)

Lorsqu'un nom demande à être précisé, développé, on le remplace par un pronom relatif qui va introduire un nouveau morceau de phrase. La phrase de départ garde un sens si on supprime la proposition relative.

>   J'achète une voiture [qui me permettra de transporter des charges lourdes.]
>   Le cadeau [que je t'apporte] va t'être utile. Le livre [dont je te parle] est passionnant.
>   La chaise [sur laquelle je suis assis] n'est pas très solide.

3. **Les propositions subordonnées complétives.** Elles ne peuvent pas être supprimées et sont introduites par la conjonction de subordination « que » ou « qu' ».

>   Il faut que nous allions à Paris. Je crois que tu es malade. Tu penses que tu peux m'aider ?

4. **Les propositions subordonnées interrogatives.**

On les utilise pour poser des questions indirectement. On ne peut pas les supprimer et elles sont introduites par une conjonction de subordination ou un pronom interrogatif.

>   Je lui demande comment il s'appelle. Je voudrais savoir s'il pleut. Pourriez-vous me dire qui vous êtes ? (pas d'inversion sujet-verbe)

Voici une liste de pronoms interrogatifs : qui ; que ; quand ; où ; si ; comment ; combien ; à qui ; à cause de quoi ; pourquoi ; dans quel but…..

5. Les propositions subordonnées circonstancielles.

Elles peuvent être supprimées et apportent une information supplémentaire sur le moment, le lieu, la manière, la cause …

C'est parce qu'il était agile qu'il arriva à se glisser par la fenêtre du premier étage.
Quand tu laves tes cheveux, tu dois bien les rincer.
Si tu insistes, je finirai par venir !

Voici une liste de conjonctions de subordination et de locutions (la même chose mais en plusieurs mots)

Conjonctions	Locutions conjonctives
Que et qu' Quand Puisque, puisqu' Comme Si Lorsque, lorsqu' Quoique, quoiqu' …	Bien que, si bien que, aussi bien que, pour que, afin que, tandis que, pendant que, à condition que, jusqu'à ce que, avant que, après que, de peur que, parce que, étant donné que, d'autant que, au cas où, à mesure que, comme si, suivant que, de sorte que, de même que, alors que, tellement que, plus que, moins que, pourvu que

2. S'ENTRAINER

Exercice 1.

Dans les phrases suivantes, soulignez tous les verbes conjugués, entourez les mots invariables qui introduisent une subordonnée (pronoms relatifs ou interrogatifs, conjonctions ou locutions conjonctives…)

> Lorsque je suis allée aux Etats-Unis j'ai été très bien accueillie. Je me demandais si je trouverais mon chemin facilement mais je n'ai rencontré aucun problème pour me faire comprendre. Les américains m'ont accueillie, m'ont hébergée avant que je ne trouve un studio. Je les ai remerciés en donnant des cours de français à leurs enfants qui étaient justement étudiants. La nourriture que j'ai consommée ne ressemble pas tout à fait à la nôtre et je me demande si je ne vais pas revenir avec quelques kilos en trop !

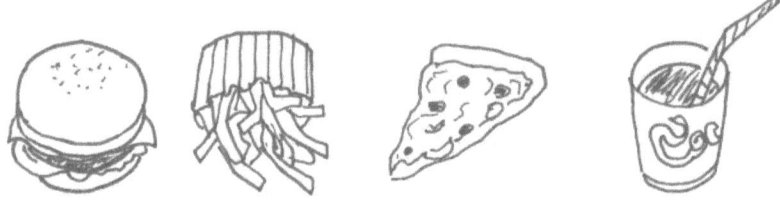

Exercice 2.

Ma mémoire commence à flancher… Je commence mes phrases puis je pense à autre chose ; j'ai besoin que vous m'aidiez à les terminer. Pour vous aider, je vous indique le mode et le temps du verbe que vous inventerez.

(futur de l'indicatif) Je suis persuadée que _____
(présent du subjonctif) Tu crois qu'il faut que _____
(imparfait de l'indicatif) Sans même savoir si _____
j'avais pris la décision de rentrer à la maison.
(présent du subjonctif) Je préviens mon frère pour qu'il _____
(présent de l'indicatif) Comme _____, mes parents
ont choisis de vendre la maison.
(présent du subjonctif) Bien que vous _____ ,
vous restez tout de même très performant.

3. JOUER

Une tempête s'est abattue sur le pays. Les panneaux publicitaires et les affiches ont été coupés en morceaux. Aidez-moi, je vous en prie à remettre de l'ordre et à récrire les trois messages, chacun contenant une proposition relative. Pour commencer, cherchez les majuscules et faites attention à la police d'écriture.

avec Perfect Fly	*sont issus*	n'est qu'à	*Les produits*
notre participation	*que nous vous offrons*	où vous irez	devront se rassembler
deux heures de vol	*de l'agriculture biologique*	cette cause humanitaire	Les personnes
cet été	*à 20 h*	qui approuvent	**Le village**

4. ENRICHIR SON VOCABULAIRE

Le bricolage

Les week-ends, les jours fériés, les vacances sont autant d'occasions pour bricoler. De plus en plus de femmes s'intéressent à cette activité bien utile. En effet on ne peut pas toujours s'offrir les services hautement qualifiés des artisans comme les peintres, maçons, plombiers ou électriciens. Alors on bricole soi-même. La réussite est parfois là mais pas toujours car rien ne remplace un professionnel. A proximité des villes se sont ouvertes de nombreuses grandes surfaces vendant du matériel de bricolage. Les hommes s'y retrouvent dans les rayons mais les femmes ont plus de mal à trouver ce qu'elles cherchent.

Pour décorer une pièce : des pots de peinture et des pinceaux ainsi que du diluant (white spirit), un mètre roulant, de l'isolant, du papier peint, éventuellement une frise décorative, une table à découper, de la colle et des ciseaux, un seau et une brosse à encoller…

Pour l'électricité : des gaines, des fils, des pinces coupantes, des cavaliers, des dominos, des interrupteurs, des boîtes de connexion, des prises mâles et femelles, des piles, des ampoules économisantes…

Pour la plomberie : des tuyaux droits, des coudes, des joints, des tuyaux souples, des robinets ou des pommes de douche, du matériel de soudure, des clés anglaises…

Pour la maçonnerie : des bacs, des sacs de plâtre, de ciment ; une truelle, une pelle, un niveau à bulle, un fil à plomb, des parpaings ou des briques…

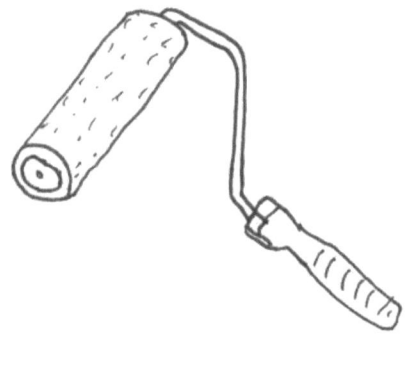

5. DIALOGUER

Vous allez parler d'une activité de bricolage mais en employant uniquement des phrases complexes.

« Peux-tu me passer s'il te plaît le mètre qui est sur la table ?
_ Oui tout de suite, mais je crains qu'il n'y soit pas.
_ C'est vrai, je pense que je l'ai laissé …..
_ Il faut que je ….
_ Crois-tu que …..?
_ Je me demande si …..
_ Ce sera réussi à condition que …

REVISER

1. Transformez les phrases en les mettant à la voix passive.

   Mon père fait des grillades. _____

   Le plombier réparera la fuite. _____

   Le directeur avait acheté des bougies pour les cas de pannes de courant.
   _____

   On m'a tout de suite informé de l'événement. _____

2. Transformez les phrases passives en phrases actives. (Respectez les temps !)

   Pierre est encouragé par un supporter. _____
   Je serai très applaudi. _____
   De belles peintures étaient accrochées par les employés du musée. _____
   _____

6. CORRECTION DU CHAPITRE

Exercice 1.

[Lorsque] je **suis allée** aux Etats-Unis j'**ai été** très bien accueillie. Je me **demandais** [si] je **trouverais** mon chemin facilement mais je n'**ai rencontré** aucun problème pour me faire comprendre. Les américains m'**ont accueillie**, m'**ont hébergée** [avant que] je ne **trouve** un studio. Je les **ai remerciés** en donnant des cours de français à leurs enfants [qui] **étaient** justement étudiants. La nourriture [que] j'**ai consommée** ne **ressemble** pas tout à fait à la nôtre et je me **demande** [si] je ne **vais** pas revenir avec quelques kilos en trop !

Exercice 2.

Suggestions de réponses :

Je suis persuadée que tu peux réussir. Tu crois qu'il faut que je mette ce costume ? Sans même savoir si le magasin était encore ouvert, j'avais pris la décision de rentrer à la maison. Je préviens mon frère pour qu'il sache la vérité. Comme ils commencent à prendre de l'âge, mes parents ont pris la décision de vendre la maison. Bien que

JOUER

1. Les personnes qui approuvent cette cause humanitaire devront se rassembler à 20h.
2. Les produits que nous vous offrons sont issus de l'agriculture biologique.
3. Le village où vous irez cet été n'est qu'à deux heures de vol avec Perfect Fly.

REVISER

1. Des grillades sont faites par mon père.
   La fuite sera réparée par le plombier.
   Des bougies avaient été achetées par le directeur pour les cas de pannes de courant.
   J'ai tout de suite été informé de l'événement. (Le COD « m' », pronom à la première personne, donne le sujet « je ».)

2. Un supporter encourage Pierre.
   On m'applaudira beaucoup.
   Les employés du musée accrochaient de belles peintures.

32. LA CONCORDANCE DES TEMPS

Je suis toujours opposée aux conflits et pour cela je préfère que les idées concordent au sein d'une famille, d'une association, d'une classe, etc...En français aussi il faut de la concordance, il faut que tout aille bien ensemble et plus particulièrement en conjugaison.

I. COMPRENDRE

A. Les propositions principales :

Au chapitre précédent, je vous ai présenté les différentes subordonnées. Je dois vous préciser que les morceaux de phrases qui ne sont pas subordonnés et que vous avez déjà rencontrés sont des « principales ».

Par exemple quand j'écris :
L'avion avait décollé en retard parce que la piste était verglacée.

J'ai une principale : *l'avion avait décollé en retard*
...et une subordonnée circonstancielle de cause : *parce que la piste était verglacée.*

L'objectif est de faire concorder le verbe de la principale avec celui de la subordonnée. Concorder signifie « aller ensemble », cela ne veut pas dire que les verbes seront conjugués au même mode et au même temps.

B. Règles de concordance des temps :

En règle générale, la subordonnée est à l'indicatif pour tout ce qui est certain. Par exemple pour parler de ce qui est déjà arrivé, de ce qui va sûrement arriver.

Dans le cas contraire, quand on doute de ce qui va arriver, quand on souhaite que quelque chose se produise, on mettra la subordonnée au subjonctif.

Temps de la principale	Mode et temps de la subordonnée	Exemples
Indicatif Présent ou futur	Indicatif présent	Je crois qu'il pleut. Si tu le veux, je t'accompagne. Nous croirons qu'il est absent. Quand il fait beau, nous sortons
Indicatif Présent ou imparfait	Indicatif imparfait	Je sais bien que tu avais raison. Il savait qu'il avait raison.
Indicatif Présent ou futur	Futur	Elle affirme qu'elle me le rendra. Si tu le veux, je t'accompagnerai. Elle répondra qu'elle n'y touchera pas. Quand le réveil sonnera, je me lèverai.

Temps de la principale	Mode et temps de la subordonnée	Exemples
Indicatif Présent ou futur	Passé composé	Il dit qu'il est tombé. Je prendrai ce que vous m'avez laissé.
Indicatif Présent ou imparfait	Plus-que-parfait	Il pense qu'il avait mal lu. Nous trouvions qu'il avait mal chanté.
Indicatif présent, Imparfait ou plus-que parfait	Conditionnel présent	Tu disais qu'il t'aiderait. Vous aviez cru qu'elle serait là.
Indicatif imparfait ou plus-que-parfait	Conditionnel passé	J'ignorais qu'il serait venu. Si vous l'aviez voulu, je vous aurais aidé. Si le réveil avait sonné, je me serais levée.
Indicatif Présent ou futur Conditionnel présent	Subjonctif présent	Il souhaite que je prenne la voiture. Tu voudrais qu'elle soit plus précise dans ses explications.
Présent Conditionnel présent	Subjonctif passé	Je veux qu'elle soit arrivée à 14h Il voudrait qu'elle ait ramassé son matériel.

C'est volontairement que je ne vous donne pas d'exemples avec l'imparfait et le plus-que parfait du subjonctif qui sont des temps très peu utilisés ; vous risquez juste de les rencontrer dans la littérature.
Les conjonctions de subordination n'imposent pas toutes le même mode .

indicatif avec	subjonctif avec	conditionnel avec
Quand, lorsque , comme , si dès que, pendant que , tandis que …… (Eventuellement) après que suivant que parce que , puisque , sous prétexte que tant que , si bien que , de sorte que , si…que , de même que alors que	Quoique , bien que , sans que , quelque que Quel que Pour que , afin que Avant que , jusqu'à ce que , en attendant que , non que Trop pour que , assez pour que De peur que Pourvu que , à moins que	Au cas où Quand bien même

Quelques exemples :
Sous prétexte qu'il est plus grand que ses camarades, il veut jouer au petit chef !
Je pense que la tempête se calmera, à moins qu'elle ne soit activée une seconde fois.
Au cas où tu ne serais pas là ce soir, je préfère prendre mes clés.
Je rentre les géraniums en automne avant qu'ils ne soient gelés.
Tant que tu ne travailleras pas plus, tu n'auras pas de bons résultats.

2. S'ENTRAINER

Exercice 1.

Dans les phrases suivantes, soulignez le verbe de la principale et encadrez celui de la subordonnée.

Tu demanderas au voisin quel est son plombier.
Ma télévision ne fonctionnait plus tant que le réparateur n'était pas venu.

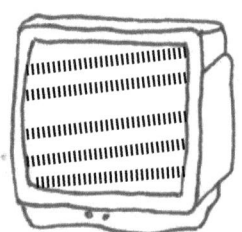

Marcel voudrait que sa petite fille soit plus sage.
Si tu ressentais toutes ces tensions, tu poserais ta mutation.
Je ne sais pas si tu pourras m'aider.
Il faudrait bien que tu fasses ta toilette rapidement.

Exercice 2.

Pour les phrases de l'exercice 1, indiquez les conjugaisons des verbes en remplissant le tableau :

principale	subordonnée
Indicatif futur (demanderas)	Indicatif présent (est)

3. JOUER

Reliez les propositions pour donner un sens aux phrases et respecter la concordance des temps.

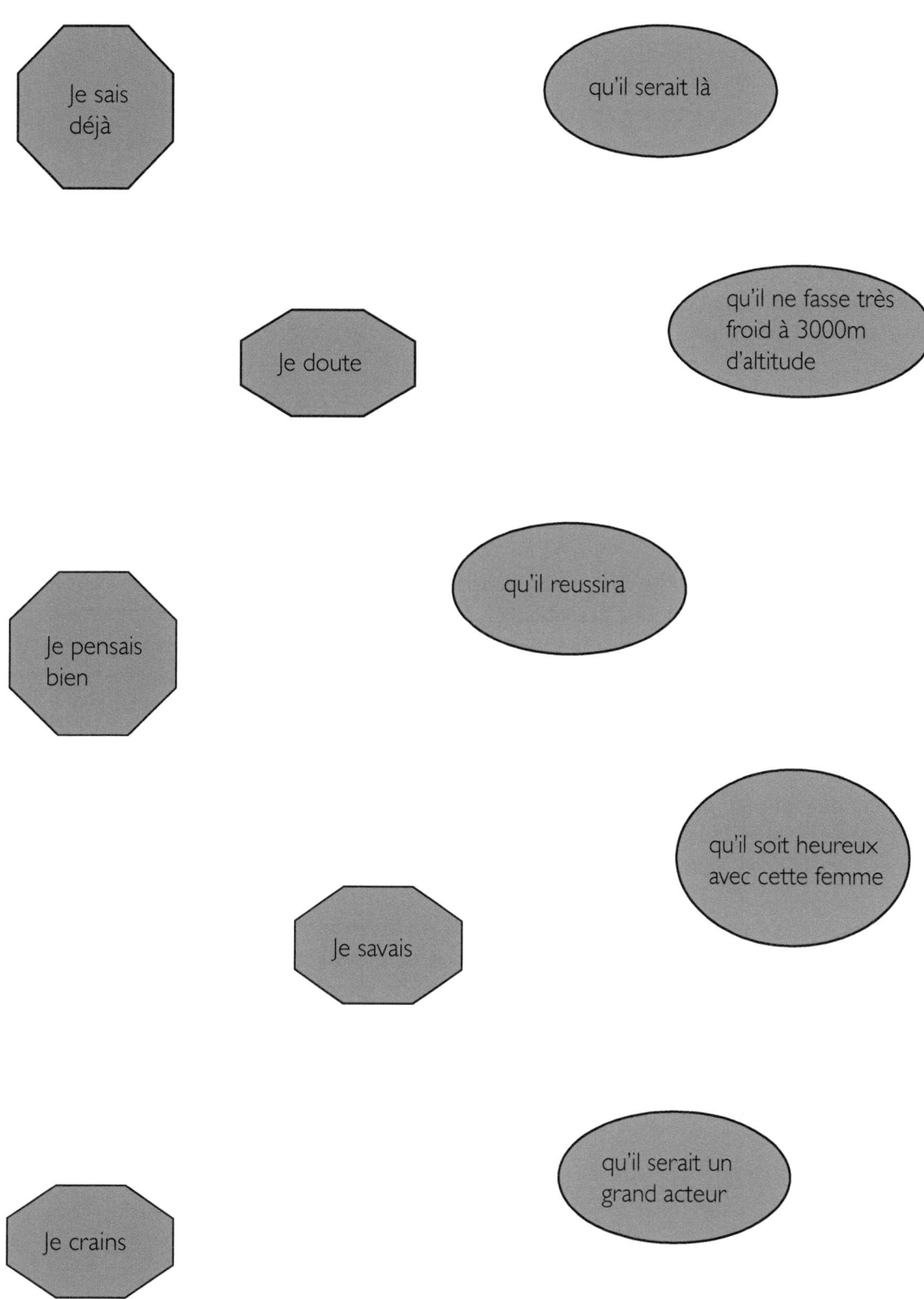

4. ENRICHIR SON VOCABULAIRE

La protection de l'environnement.

Depuis une petite vingtaine d'années, la population commence à se rendre compte des **dégâts** de la société moderne sur l'environnement. Cela fait longtemps que les scientifiques tirent la sonnette d'alarme mais il faut du temps pour que chacun et chacune accepte ces idées et réagisse à ce **fléau**.

Si rien n'est fait, nous ne tarderons pas à être envahis par nos propres déchets. Tout ce que nous consommons au quotidien est emballé, sur-emballé et nous payons très cher tous ces déchets que nous jetons à la poubelle. Nous payons leur fabrication, leur distribution, le conditionnement des produits et ensuite les sacs poubelles et le traitement des **ordures ménagères**. Naturellement, ce traitement entraîne une forte pollution et les riverains des usines de traitement_ surtout des plus **vétustes**_ sont soumis à une pollution respiratoire évidente. Les enfants et les personnes **asthmatiques** en savent quelque chose ! On voit timidement apparaître des magasins qui vendent de nombreux produits en « vrac ». Chaque client se sert la quantité désirée dans un sac en papier.

Les aliments eux-mêmes ne sont plus aussi sains qu'avant puisqu'ils contiennent des dizaines **d'adjuvants** chimiques, de **pesticides**, de **conservateurs** et manquent maintenant des bons nutriments que les vaches, moutons et autres animaux d'élevage fournissaient il y a encore trente ans après avoir tranquillement consommé l'herbe des **pâturages**.

Avec l'équipement électrique que nous possédons, la consommation de courant est énorme. Il suffit de penser à tout ce qui est **branché** dans une prise de courant et de le comparer avec ce qui était branché chez nos grands-pères…c'est impressionnant ! La production française d'électricité est essentiellement d'origine **nucléaire** et la sécurité des habitants peut ne pas être parfaitement assurée.

De plus en plus de propriétaires de maisons sont **sollicités** par des entreprises leur proposant de changer de méthode de chauffage, de production d'eau chaude et même de produire leur propre électricité ! En effet, l'énergie venant du sol, de l'air, de la combustion des ordures ménagères peut servir à chauffer les habitations et l'eau nécessaire à la toilette et aux tâches ménagères.

Enfin les voitures sont de plus en plus **économes** en essence et on ne peut que s'en féliciter car les réserves de pétroles ne sont pas garanties encore pour de nombreuses années…Certains autobus sont électriques ou roulent au **biocarburant**. On encourage le **co-voiturage** et l'utilisation des transports en commun.

Nous commençons tout juste à réagir et il faut accélérer cette tendance car il est urgent d'agir.

5. DIALOGUER

En utilisant des phrases complexes, , vous vous exprimerez sur le thème de l'environnement. Attention ! respectez bien la concordance des temps en regardant attentivement les exemples de la leçon.

« On nous répète qu'il faut préparer la planète pour nos enfants.
_ Oui, en effet , si nous ne faisons rien, nous leur laisserons des difficultés impossibles à surmonter.
_Quoi par exemple ?
_Quand nous oublions d'éteindre nos lumières, quand nous jetons de la nourriture à la poubelle, quand nous laissons tourner le moteur de la voiture , nous participons au grand gaspillage !
_ En effet , et si …..

REVISER

Une surprise vous attend pour ce dernier chapitre ! Et si vous révisiez tous les paragraphes « Réviser » des trente précédents chapitres ? Ouah !

6. CORRECTION DU CHAPITRE

Exercice 1.

Tu **demanderas** au voisin quel est son plombier.
Ma télévision ne **fonctionnait** plus tant que le réparateur n'était pas venu.
Marcel **voudrait** que sa petite fille soit plus sage.
Si tu ressentais toutes ces tensions, tu **poserais** ta mutation.
Je ne **sais** pas si tu pourras m'aider.
Il **faudrait** bien que tu fasses ta toilette rapidement.

Exercice 2.

principale	subordonnée
Indicatif futur (demanderas)	*Indicatif présent (est)*
Indicatif imparfait (ne fonctionnait plus)	Indicatif plus-que-parfait (n'était pas venu)
Conditionnel présent (voudrait)	Subjonctif présent (sois)
Conditionnel présent (poserais)	Indicatif imparfait (ressentais)
Indicatif présent (ne sais pas)	Indicatif futur (pourras)
Conditionnel présent (faudrait)	Subjonctif présent (fasses)

JOUER

Je sais déjà qu'il réussira.
Je doute qu'il soit heureux avec cette femme.
Je pensais bien qu'il serait un grand acteur.
Je savais qu'il serait là.
Je crains qu'il ne fasse très froid à 3000m d'altitude.

Le mot de la fin !

Félicitations! Vous êtes arrivés à la fin de la méthode. J'espère qu'elle vous a été bien utile. Profitez pleinement de notre belle langue : lisez-la, parlez la, écrivez la et même chantez-la… Pourquoi pas ? Et si vous en avez l'occasion, ne manquez pas de venir admirer les paysages variés de notre beau pays.